설렘병법

씩씩한 철학담론
설렘병법

POD 발행 | 2025년 10월 10일
초판 발행 | 2025년 11월 3일
저　자 | 박민설
펴낸이 | 박민설
편　집 | 박민설
표지 사진 | 박민설
표지 디자인 | 박민설
펴낸곳 | 도서출판 빛타
출판사등록 | 2025.09.18.(제423-2025-000006호)
주　소 | 강원특별자치도 속초시 온정로1길 30
이메일 | fryinthelight@daum.net
대량 구매 및 납품 문의 | fryinthelight@daum.net
ISBN | 979-11-994958-0-7

https://blog.naver.com/simpleminday2389

설렘병법

박민설 지음

빛터

작가의 말

삶을 사랑으로 표현하든
전쟁으로 표현하든 둘은 같다.
누구나 자신과 전쟁 중이다.
사랑 가장 치열하게 진술할 수 있는 것은
전쟁의 언어다.

들어가며

 서문을 따로 쓸 필요는 없을 것이다. 내가 쓴 글은 다 서문이자 유언이다. 시작이자 끝이다. 바로 생이다. 이 글들이 어떤 글인지, 어떤 태도로 쓴 것인지를 이야기하는데 어쩌면 거의 모든 지면 할애해야 할지도 모르겠다. 철학은 태도. 오로지 삶의 자세에 대한 문제이기 때문이다.

 이 책 관심사는 철학 계보에 따라 철학자들 말 공부하는 것이 아니라, 어떤 한 철학자를 깊이 연구하는 것이 아니라 내 안에서 흘러넘치는 사상 오롯이 받아내는 것, 즉 철학을 철학하는 것이다. 단지 기존 철학자들 머릿속 탐구하는 것을 철학이라고 할 수는 없다는 전제다.

또 다른 전제는 여기서 철학이란 인문학 한 분야가 아니라 물리학과 유기적 관계에 있는 최종학문이라는 것. 깨달음과 동의어라는 것이다. 자기 삶의 엑스트라에서 벗어나 주인공으로 도약한다는 점에서 민주주의와도 결을 같이한다. 말하자면 민주주의는 이념이 아니다. 진리도 아니다.

민주주의는 철학이다. 깨달음이다. 깨달음과 민주주의는 ─ 비로소 제 삶의 주인이 된다는 점에서 서로 정확히 포개진다. 그 놀라운 도道를 이 책을 통해 선언하고자 한다. '날마다 나를 혁명하는' 깨달음과 '국민이 시민으로 각성하고 도약하는' 민주주의는 서로 다르지 않다. '이념'이 아니라 '시민으로의 상승'이 민주주의이다.

그 어떤 경전이나 철학자에게도 빚지지 않고 자생적 철학해온 글쓴이 개인으로서도 그것은 큰 깨달음이었다. 깨달음은 '나'를 두드려 깨우고 끝내 날아오르게 하는 날개. 이 책은 평소 SNS에 두서없이 쓰던 글 정리하여 묶은 것이다. 그동안 몇 년씩 은둔의 시간 있기도 했지만 거의 매일 독자들과 실시간 피드백 시간 가지고 있다.

은둔이라고는 하나 실제 은둔을 위한 은둔은 아니었다. 오히려 매 순간 흘러넘치는 사상, 시간 위를 굴러 장대해지는 과정이었다. 결과적으로 중력으로 인해 별처럼 응축된 사건이었다. 덕분에 '별'은 어느 정도 농축되어 걸쭉한 액체 되었다. 때로 동결건조된 고체 같다는 생각도 든다. 하나씩 먹으면 즉시 에너지 주는 초콜릿, 아니라면 그대라는 자동차의 동력, 요즘으로 말하면 배터리, 언젠가는 수소연료전지.

독자들에게는 이 책 리듬이나 템포가 조금 낯설 수도 있다. 독서나 필사가 아닌 집요한 사유가 낳은 글이기에 문체에서나 관점에서나 그 어떤 기시감도 느끼지 못할 것이다. 그것이 지나치면 때로 우주 저 멀리 홀로 나가떨어지는 생경한 카타르시스 체험하게 될 것이다.

과감한 비약 혹은 도약으로 어지럼증 느낄 수도 있다. 한 단어에 기승전결 내포되어 있을 수 있다. 한 문장에 역설과 반전 응축되어 있기도 하다. 한 단락에 온 우주 구겨져 들어 있기도 하다. 아스라한 쾌감은 보너스. 암담한 현실에 역설적으로 에너지 불끈 차오른다면 성공.

의도한 것은 아니다. 그저 과거와 현재와 미래가 다르지 않다는 것이 깨달음 전제이기 때문이다. 기승전결 한 줄에 나란히 꿰는 것이 철학이기 때문이다. 지금 '이 순간'에 과거가 뛰어놀고 미래가 놀러 온다. 과거는 현재라는 배웅받으며 잘 떠나게 하고 미래는 미리 마중해야 하는 것.

역사에서 패턴 발견할 때 과거는 현재와 담담하게 악수한다. 인류 단위[1]로 사고하며 후대까지 품어 안을 때 미래는 넌지시 다가와 든든한 배경 되어 준다. 선대는 위대한 유산, 후대는 우리 끝끝내 지켜내야 할 꿈. 과거와 현재와 미래가 어깨동무 만나 노래하는 것이 철학이다. 이를 '빛의 철학'이라고 명명했다.

'빛의 철학'은 말하자면 우주론이다. 지옥 같은 현실 살아내는 우리 태도, 그 늠름한 자세는 우주 법칙과 한 치 오차도 없다. 엔트로피(Entropy) 증가 법칙[2]과 일치한다. 세상 모든 일은 '빛의 철학'으로 해석할 수 있다. 아기 때부터 내 안에서 꼬물꼬물 싹튼 진리 놓치지 않고 오늘날까지 붙들고 왔다는 증명이다. 내 온 생 응축시켜 한 점에 구겨 넣은 것.

---

1) 사유의 스케일을 전 지구적, 보편적으로 끌어올리자는 뜻. 우주 단위로 확장하자는 의미. 「인류 단위」는 날마다 글 쓰며 자연스럽게 명명하게 된 깨달음 용어.
2) 우주에서 가장 기본적인 법칙. 우주 제1 관문이라고 할 수 있다. 우주가 끝날 때까지 변하지 않을 법칙, 즉 진리다.

노래처럼 리드미컬하게 읽을 수 있을 것이다. 곱씹어 보면 볼수록 새로운 지평 열릴 것이다. 아니, 그러기를 바란다. 그대와 나 사이에 광대한 우주 흐르고 있지만, 또 가장 먼 곳이 가장 가까운 곳. 우리 이런 방법으로 만날 수 있다. 만남이 곧 진리다.

무대와 배우는 만나야 하고 글과 독자도 만나야 한다. 우리는 역사와 만나야 하고 시대와 만나야 한다. 과거와 만나야 하고 현재와 만나야 하고 미래와도 만나야 한다. 친구도, 가족도 새로운 버전으로 다시 만나야 한다. 그럴 때 꿈과 만날 수 있다. 미지와 만날 수 있다. '사이'와 만날 수 있다. 진리는 언어가 아니라 오로지 그대와 나 '사이'에 있으므로.

그대와 나 '사이'에서
박민설

절대어 명명 사전

-빛의 철학이란

빛의 철학은 우주론이다. 여기 다섯 가지 법칙을 소개한다.

제1 법칙 내력 법칙: 외력에 대항하는 저항력 법칙으로서 존재 성립하게 하는 법칙. 내력은 스트레스다. 죽지 않을 만큼의 스트레스는 페이스메이커(Pacemaker) 역할 한다. 심장에 주기적으로 자극 주어 수축 유도함으로써 심장박동에 도움 주는 조율기. 무게중심 잘 잡힌 개체는 외력에 대항하며 존재를 계속 이어나갈 수 있다. 이동한다는 것도 사실 무게중심이 이동하는 것. 넘어지지 않고 전진하게 하는 힘이라고 할 수 있다.

제2 법칙 바운더리(Boundary) 확장 법칙: '나'는 어디까지인가? 가족, 이웃, 나라, 세계, 지구, 우주로 스케일(Scale) 확장할 수 있다. 그럴 때 '나'는 단지 '나'가 아니라 전체가 되고 우주가 된다. 일가 이루는 리더 된다. '나' 하나의 입장이 아니라 전체를 통으로 보는 새로운 관점 얻게 된다. 허무도 욕망도 집착도 다 흐지부지 없던 일 된다. 인간은 소우주가 아니라 우주다. 발상 전환으로 단번에 '나'를 확장한다면.

제3 법칙 절대접점 법칙: 무대와 배우가 만나는 순간, 즉 접점 이루는 순간 비로소 '존재' 성립한다는 법칙. 일명 만남, 혹은 부딪힘 법칙이다. 무대와 배우가 유리되는 것이 부조리라면 무대와 배우 만나는 순간이 배우 탄생 순간. 배우라는 직업 가졌다고 배우가 아니라 무대와 만난 접점이 배우다. 시인이 따로 있는 것이 아니라 시와 만나는 접점이 시인이다. 고로 매일 시 쓰는 이가 시인이다.

제4 법칙 관점 법칙: 마주 앉은 사람 정수리와 내 정수리가 동시에 보이는 관점. 일명 **황조롱이 관점** 혹은 신의 관점. 정상에서 본 풍경을 말한다. 산밑에서는 사각지대가 있어서 전모 볼 수 없다. 장수풍뎅이, 헬리콥터, 드론처럼 **수직상승**하여 단번에 **차원도약**하면 **신의 관점**에 다다른다. 그를 **점프**라고 명명했다. 사각지대 없는 관점이라는 뜻이다. 전체 관점이기도 하다. 여기서 신은 전체를 상징하는 상징어다. 우주와 동의어.

제5 법칙 역설 법칙: 인간을 죽이는 해악이 결국 인간을 살린다는 역설. 사막의 가뭄이 선인장 꽃을 피우고 독재와 무지가 깨달음 통과하여 종국에는 혁명에 이른다는 역설. 거대한 멍청이가 인류 단위 한심한 짓으로 살신성인, 세상에서 제 유전자 제거하는 방법으로 인류에 기여한다는 법칙. 인류는 이렇게 전쟁 같은, 뜨거운, 위태로운 방식으로 한 단계씩 업그레이드되었다. 보다 우아한 방법으로 도약할 수 있을 것인가? 그 귀추가 주목된다.

그 외 기본적인 용어 몇 가지 추가한다.

엔트로피 증가 법칙: 일단 '엔트로피 증가'는 잘못된(?) 명명이다. '증가'라고 하면 헷갈린다. 물리학과 친근하지 않은 대중도 고려해야 한다. '감소'로 접근해야 개념 확 다가온다. '효율성 감소'가 적당하다. 지금 당신 아파트 수압이 낮다면 노후 된 배관 문제는 없는지 살펴봐야 한다. 옥상에 있던 물탱크를 지상으로 옮긴 건 아닌지 물어봐야 한다. 대개 오래된 아파트의 문제. 수압 감소한 것이다. 효율 떨어진 것이다. 엔트로피 증가 법칙은 '당연한' 법칙이다.

살아있는 것은 무엇이나 늙고 병들고 죽는다. 죽었다가 다시 살아나 아기로 돌아갈 수 없다. 엄마 뱃속으로 들어갈 수 없다. 시대 거슬러 원시 시대로, 태초로 돌아갈 수 없다. 그것을 엔트로피 증가한다고 말한다. 방향성이 있다. 시간 방향이다. 우주는 시간 방향으로 전진하며 유턴하지 않는다. 이 방향 거스를 수 있는 것은 우주 안에 없다.

사랑, 혹은 만남도 엔트로피 높아지면 권태나 이별 된다. 태양도, 지구도 점점 낡아지고 부서져 종국에는 균일해진다. 엔트로피 증가는 하나의 닫힌계[1]가 밸런스 찾아가는 것, 에너지 출렁임 점차 사라지는 과정이라고 할 수 있다.

엔트로피는 닫힌계 내에서 항상 증가한다. 외부 에너지 최대한 투입하여 엔트로피 증가 속도 늦추는 것이 작금 인류에게 과제일 것. 물론 우주로 진출하는 것이 가장 좋은 방법이다. 지구에서 태양계로, 태양계에서 우리은하로 닫힌계 범위 확장하는 것. 그렇다고 해도 엔트로피는 언제나 어디서나 증가한다. 결국 0에 이르고 사건은 종결된다.

외부진출: 닫힌계는 한계가 있다는 뜻. 밖에 나가 돈 벌어오지 않은 채 '당근'[2]만 해서는 생계 해결되지 않는다. 엔트로

---

1) 외부세계와 물질 교환이 불가능한, 독립되어 있는 계. 물리학에서 '계'는 관심의 대상이 되는 우주 한 부분을 말한다. 닫힌계는 주위와 에너지는 교환할 수 있지만, 물질은 교환할 수 없다. 반면, 고립계는 에너지와 물질 모두 교환할 수 없다. 위키백과에 따르면 우주는 고립계이면서 때로 닫힌계로 간주되기도 한다.
2) 대한민국 중고 거래 앱. 실시간 채팅하며 중고 거래할 수 있다. 2023년 공식 홈페이지 기준, 누적 가입자 3,500만 명이 넘는다. 월간 1,800만 명이 이용한다고. '당근'은 '당신 근처'라는 뜻.

피 높아지면 결혼, 모임, 회사, 정당, 나라, 지구 등 모든 닫힌계는 '고인 물' 된다. 외부로 진출하여 바운더리 확장하지 않는 한 우물 안 개구리끼리 서로 뺏고 뺏기는 제로섬 게임 될 뿐. 새로운 생산성 0인 상황에서 분배만으로 진보 이룰 수 없다. 외부 개척하여 에너지 공급 이루어져야 활력 생기고 진도 나간다. 미국, 중동, 러시아처럼 유전 터지면 곧 외부진출이다. 단번에 진보한다. 지금 외부는 AI다. AI 분야 선점이 곧 신대륙 개척이다. 아직 인류가 발 딛지 않은 미지의 외계는 양자컴퓨터다. 대륙 열차다. 우주 개척이다. 외부진출 없이 보수적으로 분배만 부르짖을 땐 보수당이 우위 점한다. 고인 물이 낡고 늙고 썩는 중이므로.

신의 관점: 리더 관점. 전체 관점. '나'의 입장 배제할 때만이 우주 입장에서 세계를 조망할 수 있다. 진리의 속살 만질 수 있다. '나'나 '너'의 관점이 아니라 그 누구도 소외되지 않을 전체 관점 필요하다. "내 생각은 이렇다"가 아니라 "진리의 입장은 이렇다"라는 전제로 말해야 한다. 조건에 따라, 입장에 따라 변하는 '단지 사실'을 말할 게 아니라면, 적어도 '참'을 말하려면.

차원 도약: 10여 년 전 명명한 깨달음 제1 용어. 2차원 납작

한 평면적 사고에서 3차원 입체적 사고로 상승하는 것을 말한다. 그런 의미에서 깨달음이란 위도와 경도에 높이 추가하는 것. 점프다. 비가역적이므로 '절대도약'이라고 할 수 있다.

점프(jump): 거인의 어깨 위에서 멀리 보는 것은 어렵지 않다. 다음은 점프하여 날아오르기다. 세계에는 위도와 경도뿐 아니라 높이가 있다. 차원도약 명명 후 자연스럽게 탄생한 깨달음 용어.

인류 단위: 사유의 스케일을 지구와 인류와 우주 단위로 확장하자는 뜻. 인간으로서 나아갈 바를 근원적으로 질문하고 논의해 보자는 명명.

덮어쓰기(Overwriting): 컴퓨터 용어를 깨달음에 적용해 보았다. 새로운 데이터를 해당 데이터 위에 저장하는 것을 말한다. 덮어쓰기 진행된 이후에는 디지털 포렌식을 해도, 복원 프로그램을 써도 복구 불가능하다. 부정적인 일은 긍정적인 일로 덮어씌워 버리자는 취지.

CONTENT

제 2 장   설렘이라는 전초기지

제 3 장 날마다 죽음 뚫고 나아가는 낭만

부록

나오며

제 1 장

가장 철학적인 고민

우리 날마다 죽고 다시 태어나듯이
-엔트로피 증가 법칙

세상 모든 일은 엔트로피 증가 법칙 하나로 설명된다.

질서가 무질서로
효율이 비효율로
유有가 무無로
100이 0으로

만유는 그렇게 마침내 0이 된다.
엔트로피 증가 법칙은 한마디로
효율성 감소 법칙이다.

우리 익히 알고 있는 그 법칙에 의하면
지상에 사는 생물은 물론 지구도 우주도
점점 부서져서 한 점 먼지 된다.

먼지와 먼지 아닌 것 경계 희미해진다.
밸런스 혹은 균일 그 자체가 된다.
너도 나도 평등해진다.

제1장 우리 날마다 죽고 다시 태어나듯이

여기서 우리가 낚아채야 할 진실은
생명의 유한함에 대한 허무가 아니라
그 낭만적 정서가 아니라

다만 방향성이다.

시작이 100이라면 끝이 0이다.
그 사이에 우리 생이 있다.
방향성이 있다.

세상에 선악은 없고 흑백은 없지만
옳은 방향은 있다.
엔트로피 증가하는 방향
즉, 시간 방향이다.

이름하여 우주론적 방향

우주는 전진한다.
세계는 유턴하지 않는다.
신神[3]은 새로움을 사랑한다.

---

3) 신은 상징어. 이 책에서는 우주와 동의어로 쓰인다.

일신우일신日新又日新한다.

신은 가장 완전한 것
살아 숨 쉬는 것
우리가 바라보는 것
만유를 결속시키는 에너지
의사결정 일어나는 곳

우주의 중심
세계4) 중심이다.

신은 매 순간 새로 태어난다고 말할 수 있다.
우리 날마다 죽고 다시 태어나듯이.

그리하여 진화한다는 것은
'현재'를 사는 것

---

4) 세계는 '우주'와도 비견되는 말. 때에 따라 세계의 중심이 미국이
냐 아니냐 이야기할 수도 있겠지만 철학적으로 세계는 '나'를 뺀
나머지 우주. 혹은 '나'를 포함한 그 모든 것이다. '나'와 세계가
만나는 접점이 바로 '나'. 접점 없다면 '나'는 세상에 오지 않았던
것과 같다. 태어나지 않은 것과 아무런 차이 없다. 이에 세계와
'나'의 접점 포착해야 한다. 그때에야 비로소 철학적으로 '나'라는
존재 성립한다.

과거도 미래도 아닌
'이 순간'을 달리는 것
시대와 나란히 가는 것

역사는 잊지 말되 미지는 도모해야 한다.
과거 정리 정돈하고 미래 초대해야 한다.

인공지능, 로봇공학, 수소연료전지 등
세상은 하루가 다르게 앞으로 돌격하는데

지금 이대로가 좋다
과거 세계관에 머물러 있겠다
우리 이너서클(Inner circle)5)에 침범하지 말라
변하지 말자는 극우(?)란

우주 어느 한구석 그것 같은
잠시간의 국소적 퇴행

극우는 이념이 아니다.

---

5) 특정 그룹 내부에 따리 튼 핵심 권력 집단을 지칭. 폐쇄적이며 선
   민사상 성향이 짙다. '그들만의 리그'라고 할 수 있다.

자체 에너지가 아니다.

진보의 반작용
진보의 노화
뒤에서 진보 잡아당기는 반동 흔적일 뿐

물론 0은 100과 같다.
끝이 시작이다.
끝나면 다시 시작된다.

지극한 보수는 역설적으로 진보에 기여한다.
결국 진보의 동력 된다.

극우도 사랑받아 마땅한,
우주 방향성에 역설적으로 기여하는
일등 공신이라는 결론

진보냐 보수냐 묻는 것은 어불성설

펄펄 살아있는가?
이제 늙어 서서히 죽어가는가?

제1장 우리 날마다 죽고 다시 태어나듯이

이렇게 묻자.

애초 이념이란 다 거짓말
보수도 진보도 없다.
방향성이 있을 뿐이다.

엔트로피 증가하는 방향으로
우리 나아갈 수 있을 뿐이다.

아직도 배가 고픈가? 꿈 있는가? 더 나은 세상 향해 벽돌 한 장
쌓고 있는가? 그렇다면 100살이어도 펄펄 살아있는 것. 스무 살
이어도 제 자리에 주저앉아 있다면 뒷방늙은이와 무엇이 다르겠는
가? 젊음과 늙음이란 나이를 말하는 것이 아니다. 지구 자전과 공
전 말하는 게 아니다.

패러다임은, 시대는, 우주 방향성은 우주가 살아있는 한 전진한
다. '나'는 가만히 있어도 다른 것들이 다 앞으로 간다. 우주는 이
미 격발되었고, 세상은 벌써 출발해 버렸고, 인류는 태어나 버렸
으므로 지금 우리는 모두 달리는 호랑이 등짝 위. 자, 어떻게 할
것인가?

민주제와 오징어 게임 2

'민주주의'라는 명명은 잘못되었다.
'주의'를 붙이는 바람에 이념이라고 착각하게 되었다.
민주정 혹은 민주제1)라고 불러야 한다.

민주제(*democracy*)란
다수(*demos*, 민중)에 의한 지배(*kratos*, 권력)
즉, 국민에 의한 지배다.

그렇다면 국민은 이 사회 온전히 지배할 수 있는가?
이런 질문 가능하다.
답은? "아니다"

국민으로는 모자란다.
시민으로 성숙해야 한다.
민주제란 국민이 시민으로 성숙하는 과정2)이다.

---

1) 민주주의는 번역 오류. 민주정 혹은 민주제가 옳다. 지금은 귀족
   정, 왕정 시대가 아니라 민주정 시대다.
2) 그 과정 못 견디는 자, 불안에 잠식당한 자, 자유가 무서운 노예,
   "국가는 강력한 독재자가 확 휘어잡고 이끌어야 한다"라고 생각

과정 그 자체.

그 과정에 구엘리트3) 죽고 신엘리트 탄생한다.
구엘리트는 사익으로 무리 짓던 자
철학적으로는 이미 죽어 나자빠졌다.

신엘리트는 공익으로 연대하며
능동적으로 주권 행사하는 자
지금 봄날 새순처럼 약동하고 있다.

민주제는 결국 모든 시민의 리더화4)라 할 수 있다.
바로 깨달음이다.

자기 삶의 엑스트라에서 벗어나
주인공으로 도약하는 것.

「오징어 게임 2(Squid Game, 2025)」에는

하는 자가 독재에 동기화되는 극우 DNA다.
3) 「구엘리트」는 글쓴이의 명명으로서 그동안 이 사회를 사실상 지
배했던 기득권 전체를 말한다. 위정자, 법률가, 재벌, 군부, 강남
기득권 등등. 「신엘리트」는 각성하여 연대하는 시민, 새로운 언론
으로 부상한 SNS 시민군 모두를 말한다.
4) 「모든 시민의 리더화」는 민주제에 대한 글쓴이의 정의.

주목할 만한 지점이 있다.
리더십!

1편에 비해 활력 떨어진 주인공 성기훈과 달리
반짝반짝 발광하는 캐릭터 현주.
그의 빛나는 지점은 극한 상황에서의
매력적인 리더십이다.

리더가 아니어도
리더 관점 가지고 전위에 서는 자5)

백성 마인드
단지 '게임 속 말'의 나른한 태도 가진 자들 가운데
무임 승차하지 않고 앞서 나아가는 자.

깨달음이 사람을 살린다.

지금도 알 깨고
새로운 생장점으로 나아가고 있을 싱클레어6)

---

5) 「리더가 아니어도 리더 관점 가지고 전위에 서는 자」가 바로 깨
   달음 그 자체. 수시로 쓰는 표어 같은 문장. 글쓴이 대표 문장.
6) 헤르만 헤세(Hermann Hesse)의 소설 『데미안(*Demian*)』의 주인

온실처럼 안온한 세계 과감히 찢어발기고

미지 향해 내달리는 트루먼[7]

진실의 '빨간 약' 먹고 매트릭스(The Matrix)[8] 탈출한

더 원(The one), 네오(Neo)[9]

기훈이 지하실 공개했을 때 쿵,

가슴 뛰었던 사람이라면 우리 모두 동지 아닐까.

내한몸만잘살좌파[10]에겐 세계가 부서지는

천둥 같은 드라마다.

죽고 죽이는 살벌한 게임 한가운데 있으면서도

공. 성장 서사의 대표적인 인물.

7) 영화 《트루먼 쇼》의 주인공. 자기를 둘러싼, 거대한 가짜 세계를 깨뜨리고 한 발 나아간 자.

8) 영화 《매트릭스》에서 인공지능이 인간을 통제하는 가상 현실. 라틴어로 어머니를 뜻하는 메타(*mater*)가 어근으로, '모체'나 '자궁'의 의미가 있다. 《매트릭스》 속 인간은 태어나자마자 '인공 자궁'에 갇혀 인공지능 동력원으로 쓰인다. 영화 《매트릭스》를 계기로 일상용어가 되었다. 허구 세계, 한바탕 꿈같은 세계, 깨어나지 않은 의식으로 보는 세계, 즉 현실 세계를 말하기도 한다.

9) 영화 《매트릭스》의 주인공. 가상 세계의 진실을 깨닫고 각성한 자. 선택된 자(The one)

10) 「내한몸만잘살좌파」는 글 쓰면서 자연스럽게 만든 조어. 우주 안에 이념이란 없다. 그럴듯한 변명이자 자기합리화가 있을 뿐. 제 한 몸만 잘살자는 자는 그냥 생존파다. 본능에 끌려다니는 본능파다. 짐승파다.

서로 돕고 응원하며 하나 되는 장면은
뭉클하면서도 웃기면서도 귀엽다.
공자의 의義11)가 생각난다.

현실의 지옥 외면하는 건 그러므로 철학이 아니다.
사안에서 멀리 떨어져 관망하는 것은
깨달음 아니다.

시니컬한 것은 시크하지 않다.

저 혼자 무인도에 사는
정신승리 알 속의 새들 있다.
세상 밖에서 — 마치 신처럼
세상 들여다보고 있다고 여길지 모르겠지만
아주 작은 '나' 하나만 생각한다는 반증.

---

11) 의로움, 정의, 의리, 인간 세상의 도(道), 도덕적 질서라고 말할
수 있다. 공자가 말했다. "군자는 의로써 바탕 삼고, 예로써 행하
고, 공손으로써 드러내고, 신의성실로써 이루나니. 그래야 군자라
할 수 있다." 후에 맹자는 의(義)를 도덕적 실천 의지로서 강조했
는데 '할 바'와 '하지 않을 바'를 분별하는 기준이라고 말했다. 타
인과 조화롭게 사는 것, 목숨 버려서라도 취해야 할 가치라고 강
조한 바 있다. 《맹자(孟子)》〈고자(告子)〉 상편에서 말한다. "생(生)
도 내가 바라는 바이고 의(義)도 내가 바라는 바인데, 두 가지를
겸할 수 없다면 생을 버리고 의를 취한다"라고.

능동적으로 자기 세계 깨고
세상 속으로 풍덩 뛰어들지 않는 한
철학도 깨달음도 아니다.
그런 건 처세라고 부른다.

이 오징어 게임 속 엄혹한 세상에서
우리는 어떻게 살아갈 것인가?

게임 속에 들어갈 일 없다고?
현실이 오징어 게임이다.

'나'만 자유로우면 된다고?
그게 바로 인간 아닌 짐승 심보

바보, 사이코패스, 도인,
자기가 왕王이라고 착각하는 자는 서로 통한다.
제 한 몸만 생각한다.

세계가 위기에 처했을 때
이웃이 고통에 빠졌을 때
함께 아파하고 해결하려 나서기는커녕

상대비교하며 우월감 느끼고 앉아 있다.

"바보야, 우월감은 열등감의 다른 이름이야."

인간은 깨달음 얻는다고 해서 신이 될 수 없다.
다만, 어느 순간 신의 포지션에 설 수 있다.
신이 된다 해도 사적 해프닝

일개 인간 하나의 자유
그 자유는 세상과 어떤 관계 맺고 있는가?

죽으면 또 신이 된다고?
사후 세계 이야기하는 자는 다 가짜.
이미 현실 떠나 미친 자 도른 자의 세계로
야반도주했다는 고백이다.

다음에 보자는 자는 '지금'이 무서운 자.
돈 벌어 가족 먹여 살려야 하는
기후 위기, 전쟁 위기, 짐승의 난亂 속 현실 세계에서

도망가기 있기 없기?

제1장 민주제와 오징어 게임 2

빛의 혁명

2030 세대는 말한다.
민주제가 당연한 것이 아니었구나.
기성세대가 피 흘려 이룩한 것
우리 그동안 거저 누리고 있었구나.

기성세대도 말한다.
웃으며 화내는 방법 알다니 멋지구나.
존경스럽구나. 2030!

요즘 우리 이렇듯 서로에게 고마워하고 있다.
친구도, 가족도 새로운 버전으로 다시 만나고 있다.
덕분에 미지와 만나고 있다.
다시 꿈꾸고 있다.
심장 뛰고 있다.

혹시 '이런 나라' 물려줘서 미안해하고 있는가?
그건 비하와 죄의식.
이런 나라[1]라니,

이제야 서로를 이해하고 있는데.
함께 죽음의 강 건너보지 않았다면
아직 가족 아닌 것을.

서로에게 미안해하기보다
죄책감 가지기보다
고마워하고 존경하고 있다는 사실이
눈물겹지 않은가?

사랑이란
저를 비하하지 않는 것
지금 이대로, 존재 그 자체로 눈물겨운 것.
기적에 다름 아니다.

부유한 나라,
모든 것 갖춰져 풍족한 나라라야 좋다는 것은
재벌 부모나 강남 기득권 생각.

---

1) "이런 나라 물려줘서 미안하다" 류의 레토릭 요즘 많이 본 듯하
   다. 2024. 12. 3 비상계엄 때문이다. 그런데 이거 어디서 많이
   들어본 소리 아닌가? "이런 집구석에 널 낳아서 미안하다"와 같
   은 저 20세기 시대착오적 드라마 대사와 무엇이 다른가? 지독한
   자기 비하와 한탄. 자기 비하는 곧 상대 비하. 말과 글은 자기 세
   계의 반영이다.

제1장 빛의 혁명

이미 완성된 것 물려줄 것인가
시련 이겨내는 유쾌발랄 내공 쌓아줄 것인가.

모든 것 갖춰져
내 할 일도, 역할도 없는 지루한 천국에서
나른하게 멀뚱하게 죽어갈 것인가.

모두가 나를 필요로 하는 지옥에서
뜨겁게 뜨겁게 타오를 것인가.

교과서 외우는 것이 공부인가?
이 나라는 다 같이 진짜 공부할 수 있는 나라

함께 역사의 현장에서
뜨거운 눈물 흘릴 수 있는 나라
가족끼리 같은 곳 바라보고
어깨동무 나란히 나아가는 게 사랑.

돈 많은 것
잘 사는 것
민주제 잘 정착된 것보다

지금 이 현실이 더 저릿하다.
저 미지의 한 점에 우리 목숨줄 걸려 있었다.

아직도 끝나지 않았다.
언제 어떻게 우리 운명 갈릴지 모른다.

인간이여 가족이여
그 사실이 거룩하다.
숭고하다.

언제 우리가 이렇게 하나로 포개져 보겠는가.
어떻게 다 같이 하나의 소실점 바라보겠는가.
평소엔 각자 자기만의 방에서
서로 다른 우주 살고 있지 않는가.

'과정'이 진짜다.
함께 연대하는 그것이 진리다.
'결과'만을 중시하는 이들과는 다르다는 것을
우리 비로소 자랑스러워할 수 있다.

*2024년 12월 25일 씀

제1장 빛의 혁명

민주제, 그 색즉시공 공즉시색

「사람이 희망이다」라고 말들 하지만
그 '사람'이 일개 인간을 말하는 건 아니다.

진리는 사람에게 있질 않고
진보[1]는 오로지 방향일 뿐
진보라고 하여 멋진 인간만 모여드는 것은 아니다.
"이놈이나 저놈이나 같다"는 말은

방향 보지 않고
진리 보지 않고
원자론적 관점[2]으로

---

1) 진보란 비전 제시하는 것. 혹은 신대륙 개척하는 정신. 진보 표방
하는 당에 진보가 있는 게 아니다. 패러다임 바뀌고 신문물 들어
올 때 세상 온통 밀물로 그득 차는 것. 지금 2025년 새로운 물
결은 AI다. 양자컴퓨터다. 신항로다. 우주개발이다. 시대와 나란
히, 혹은 한 걸음 앞서 나아가 마중하는 게 진보다.
2) '세상 모든 물질은 원자로 이루어져 있다'는 원자론 이론으로 세
상 보는 관점. '세상 모든 일은 다 결정되어 있다'는 결정론적 관
점과 같다고 말할 수 있다. 물론 원자가 최소단위라는 것은 양자
역학 대두되기 전 이야기. 양자역학은 이미 100여 년 전 원자론
타파하며 '입자 파동 이중성', '슈뢰딩거의 고양이', '양자 얽힘'
등으로 존재의 상호작용에 대해 말한 바 있다. 이에 말하고자 한

일개 인간만을 쫓았다는 것

핑계 댈 무덤 찾았다는 것

결국 아무것도 모르겠다는

아무 책임 지고 싶지 않다는 고백

마치 현실외면의 이유라도 된다는 듯

"그것 봐라. 저 사람도 문제잖아. 다 똑같잖아."

라고 말한 적 혹시 있는가?

지금은 양자역학 시대

원자는 없다.

입자3)는 없다.

속성은 없다.

색즉시공 공즉시색色卽是空 空卽是色

일체가 공空하다는 『반야심경』4) 참고하자.

다. 그림자를 보거든 광원을 찾고 손가락 보거든 달을, 방향을 볼
    것. 단지 인간 하나 보지 말고 토대를, 세력을 탐색할 것. 인간은
    환경의 동물. 그럴 만한 이유가 거기 '배후'에 있다.
3) 입자는 결정론 시대의 딱딱한 유산. 입자는 없다. 공(空)하다. 즉,
    일개 인간은 깃털이다. 패거리가 몸통이다. 그는 남다른 환경에
    놓여 있었던 것이다. 「배후가 범인이다.」
4) 불교 경전. 대반야바라밀다경 600권을 한문 260자로 짧게 요약
    하여 대승 불교의 깊은 진리를 함축했다. 『대당서역기』를 지은

쪼개고 쪼개다 보면 결국 0이 되고
양자 단위 상호작용만 남는다.

진보가 따로 있는 게 아니다.
비전 보여주면 누구나 진보 된다.
그때에야 비로소

「사람이 희망이다」

신대륙 발견하면 너도나도 개척자 되어
새로운 땅에 모여들고
대북사업, 세계진출 땐 나라가 통째 들썩들썩
꿈과 희망 쏘아 올린다.

인간은 우주로 발사될 때
진짜 인간이 되고
진보가 된다.

닫힌계 안에서는, 무인도에서는, 혼자 골방5)에서는

당나라 승려 현장이 번역했다. '색즉시공 공즉시색(色卽是空 空卽是色)'은 반야심경 핵심 구절로 '물질(우리 눈에 보이는 세상)이 곧 공(실체가 없음)이고, 공이 곧 물질'이라는 뜻이다.

성장도 진보도 도약도 없으므로
인간은 소멸되고
진보는 폐족 된다.

북한에 막혀 있는 한
이 나라는 일개 섬.

석유, 가스, 희토류
지구 파헤치는 데서 그친다면
지구는 우주와 연결되지 않은 무인도

냉장고 파먹듯 단지 지구 파먹을 게 아니라
AI, 수소경제, 대륙 열차, 신항로, 우주 진출 등
외부에 새로운 영역6)개척하는 것만이 정답이다.

---

5) 여기서 폐쇄은둔족은 논외. 정작 지식인들이 '골방 지식인'이라는 혐의 벗어나기 힘들어 보인다. 국가라는 배가 침몰 조짐 보인다면 언론인과 지식인은 일제히 위험 알려야 하는 것. 그런데도 이나라 골방러들은 '가만히 있으라' 외치기만 한다. 오히려 시민을 비난한다. 이 나라에 언론이 있는가? 지식인이 있는가? 지성인이 있는가?

6) 지금까지 없었던 새로운 성장영역, 혹은 외부진출이라는 뜻. 「외부진출」은 글쓴이의 언어. 달이든 다른 소행성이든 개발하여 성장 동력으로 삼는다면 외부진출이 된다. 지금은 AI, 양자컴퓨터, 수소경제, 대륙 열차, 신항로, 우주개발 등이 외부진출이다. 외부개척하여 새로운 에너지 주입받아야 고립과 자멸 막을 수 있다.

에너지 자원 고갈된 상태에서는
바람 빠진 풍선처럼 생명력 다했을 때는
즉 엔트로피 높아진 상황에서는
성장도 분배도 지지부진,
그 어떤 처방도 임시방편 될 뿐이다.

노무현 같은 히어로(Hero)는
이제 다시 나오기 어려울 것이다.
빌런7)이 많아서가 아니다.
강해서도 아니다.

안타고니스트8) 실체가
적나라하게 드러나서도 아니다.

우리 모두 주인공으로
업그레이드되었기 때문이다.

시민이 정치에 보다 능동적으로 참여하는 것

---

7) 빌런villain은 외래어에 가까운 영어 단어. 영화 속 악당이나 나쁜 역할을 말한다.
8) 주인공에 대항하는 반동 인물. 보통 조연이나 빌런이 안타고니스트다.

주체적으로 주도하는 것
국민으로부터 나온 권력9)
제대로 행사하는 것

그것이 바로 노무현이라는
강력한 히어로가 남긴 유산,
그대가 히어로다.
시민의 능동적 정치참여10)가 민주제 신모델이다.

지금은 영웅 없고 어른 없는 시절
신엘리트 시민이 일신우일신 성장하는
최첨단 핵융합의 시절
히어로들이 수평으로 연대하는 시대

민주제란 시행착오 통과의례 거치며
시민이 성숙해 가는 과정

---

9) 헌법 제1조 2항. "대한민국의 주권은 국민에게 있고, 모든 권력은
   국민으로부터 나온다"
10) 언론재벌이 제아무리 정치와 유착된다 한들 SNS 시민을 이길 수
    는 없다. 아니, 언론이 기울어져 있을수록 시민은 깨어난다. 저울
    추는 기울어진 채로 결코 오래 머무르지 않는다. 역설이다. SNS
    가 새로운 언론으로 등극할 수밖에 없는 환경 조성한 것은 지금
    의 낡고 게으른 언론 체계다.

너와 내가,
날마다 나비처럼 다시 태어나는 시민이
뜨거운 가슴으로 그 한가운데 서 있다는 반증이다.

시민과 독립군과 삶의 전사가
인류에 의리 지키는 지사와 혁명가가
처세가 철학으로 둔갑한
나른한 21세기를 빛나게 한다.

민주제는 '주의'가 아니다.
이데올로기 아니다.
다만 깨달음이다.

선장이 북극성[11] 보고 항해하듯 진리를 보고 나아가자. 가만히 앉아 히어로 기다리지 말고, 누가 나를 구해주지 않나 기대하지 말고. 저 극우적 행태들은 국소적 퇴행. 섬나라 독재국가, 아직도 왕이 있는 나라와 우리가 무엇이 다르겠는가? 지금 이대로 섬에 머물러 있다면, 갈라파고스처럼 외부 없이 고립되어 있다면.

---

11) 요즘은 GPS나 레이저, 전자해도 등 현대적인 전자 항해시스템을 기준으로 위험 요소 정확하게 제거하며 항해한다. 별자리 보고 항해하는 구시대 낭만은 이제 비유로만 존재한다.

불행이나 불의가 꼭 나쁜 것만은 아니다

-12.3 그날 밤 강렬하게 연결되었던 우리

"가야지. 죽더라도 가야지!"
-모 예술가

"담요, 칫솔, 치약, 속옷 챙겼어. 패딩 입어!"
-시민

"엄마, 국회로 가! 걱정하지 마. 안 죽어. 요즘 애들이 어떤
애들인데! 부당한 지시에 맹목적으로 따르지 않아. 그 군인들
다 내 친구들하고 똑같은 애들이야!"
-모 국회의원 딸

"엄마, 죽더라도 국회로 가. 거기서 죽어!"
-모 국회의원 딸

"여러분, 저는 지금 국회로 갑니다."
-모 커뮤니티 회원

12.3 그날 밤 우리 시민들이
실제 제일 가까운 사람에게 했던 말이다.

말하건대 우리는 그 밤 그 기억만으로도
죽을 때까지 서로 강렬하게 연결[1]될 수 있다.

비상계엄 막아내지 못했다면
실제 우리 중 많은 이들이 헛되이 죽었을 것

선대 숭고한 발걸음 다 없던 일로 삭제되고
후대에 물려줘야 할 위대한 DNA
수포로 돌아갔을 것

이유도 모르고 부모 잃은 아이들,
자식 생사 확인하지 못해 발 동동 구르는 늙은 부모
숱하게 있었을 것

---

1) 글 쓰면서 수없이 썼던 문장. 「우리는 강렬하게 연결되어 있다」
실제 그날 12.3 국회 앞 현장에 갔던 시민 후일담에서 비슷한 발
언 들을 수 있었다. 여기서 「연결」은 매우 중요한 철학 용어. 〈빛
의 철학〉에서 수시로 언급된다. 우주 안에 있는 우리는 어떤 방
식으로든 서로 연결되어 있다. 그를 깨달아야 철커덕 제대로 연
결된다. 혼자 나가떨어져 소외되지 말 것.

참혹한 유혈사태로 몇십만 몇백만은
우습게 죽어 나갔을 것.
일상 사라지고 가족 해체되었을 것
국가 경제 완전히 무너지고
국제사회에서 고립되었을 것

내란 빈번히 일어나는 하류 국가가 되어
우리 하루하루 죽고 있었을 것
UN 권고 따위 우습게 묵살되어
살아서도 죽고 죽어서도 죽었을 것

우리는 전율의 생존자다.

서로의 연결 확인하고
머리털 쭈뼛 곤두서며 전율했던 일
한 치 앞도 내다볼 수 없는
피비린내 나는 전선에서 온몸 타올랐던 기억
공유하고 있다.

살아 있는 것이 그 자체로 기적이라는 쾌감
짜릿하게 퍼 올렸던 경험 있다.

제1장 불행이나 불의가 꼭 나쁜 것만은 아니다

서로 얼굴 모르는 너와 나
알고 보면 시민이라는 이름으로
팽팽하게 연결되어 있다는,
이 나라 떳떳한 국민으로서
떼려야 뗄 수 없는 관계에 놓여 있다는 사실

깨닫게 되었다.

우리 그날 확인한 바 있다.
불행이나 불의가 꼭 나쁜 것만은 아니다.
부끄러운 것만은 아니다.

이러한 역설의 역설2)에 눈 뜬다면
기승전결3) 한눈에 볼 줄 안다면.

때로 당신 혼자라고 느끼는가? 우리는 죽어도 같이 죽고 살아도
같이 산다. 이렇듯 다시 살아 만나니 기쁘지 아니한가?

---

2) 깨달음을 말하는 것. 「생은 역설, 깨달음은 역설의 역설」 수시로
   쓰는 문장. 후렴구.
3) 보통은 '결'만을 중시하거나 '전', '결'만을 보고 판단 근거 삼는
   다. 그러나 '기'를 보라는 것이 깨달음의 호령이다. 「기승전결 한
   눈에 보자」는 것이 이 책 관통하는 주제다.

예루살렘의 아이히만은 과연 평범한가?
-인간과 비인간의 구분은 이분법이 아니다

빛과 어둠은 상대적인 게 아니다.
이분법 아니다.

어둠은 빛의 결여
광자光子[1])의 부재

빛은 있고 어둠은 없다.
광자는 있고 암자暗子는 없다.
실제로 어둠이라는 건 존재하지 않는다.

다만 어느 순간 빛이 부재할 뿐이다.
태양 빛 잠시 구름에 가려졌을 뿐이다.

어느 물리학자는 말한다.
"우주는 온통 어둠만이 존재한다. 우주에는 죽음뿐이다."

---

1) 광자(光子, photon)는 빛 입자. '빛알'이라고도 한다.

제1장 예루살렘의 아이히만은 과연 평범한가?

오해 소지 있는 말이다.
시적 과장일 수 있다.
암흑에너지 이야기일 수도 있겠다.

지구, 혹은 ─ 진화 거의 끝 단계까지 온
인간 그 희귀성을 생각한다면
참으로 맞는 말이다.

지구처럼 인간처럼 펄펄 살아 숨 쉬는 존재는
태양계 주변에선 매우 드물다.
골디락스 존[1]도 거의 없다고 봐도 무방하다.

그러나 우리 말해야 한다.
우주는 그 자체로 생生[2]이다.
생로병사가 있다.

우주는 온통 빛이다.
태초에 빛이 있었다.

---

[1] 골디락스 존(Goldilocks zone)은 생명체 거주 가능 영역을 말한다. 생명체들이 살아가기에 적합한 환경의 우주 공간 범위를 나타내는 천문학 용어.
[2] 엔트로피 증가가 그 증명. 지금 펄펄 살아 있으므로 죽어가는 것

어둠이란 애초 존재하지 않는 것
빛과 나란히 놓고 상대적이니 이분법이니 하면
소크라테스 형에게 참교육 당한다.
인간과 비인간은 이분법이 아니다.

인간이라면 인간의 길 가야지
사람 죽이는
비인간의 길
짐승의 길
미물의 길 가면 우째란 말인가.

없는 걸 있는 것으로 착각해서
상대적이라고 하면 틀린 것
물리학으로도 철학으로도 틀렸다.

마찬가지로 이 우주에 좌나 우는 없다.
이념은 없다.
자기합리화가 있을 뿐이다.

세상 모든 일은 제가 제 삶의 주인 되어
주체적으로 행동할 수 있는가 그것뿐이다.

제1장 예루살렘의 아이히만은 과연 평범한가?

주체적이지 않다면,
이미 휩쓸리고 가스라이팅 되어 휘둘리고 있다면
'나'란 존재하지 않는 것.

세상 살아가며 중요한 일 있다면
어떤 사람과 친구 할 것인가,
누구와 의기투합할 것인가,
어떤 태도로 살아갈 것인가의 문제뿐.

안중근, 윤봉길 같은 태도로 살 것인가
이완용, 윤덕영 같은 태도로 살 것인가

성철 같은 태도로 살 것인가
사이비 교주 같은 태도로 살 것인가

자기 전두엽으로 사유할 것인가
예루살렘의 아이히만3) 될 것인가

---

3) 정치이론가 한나 아렌트(Hannah Arendt)의 저서, 혹은 그 주인
공을 말한다. 〈예루살렘의 아이히만—악의 평범성에 관한 보고
서〉는 1961년 예루살렘 지역 재판소에서 열린 전(前) 오스트리아
나치 친위대(SS) 상급돌격대 지도자 아돌프 아이히만(Otto Adolf
Eichmann) 재판에 관한 보고서다. 오랫동안 많은 논쟁 불러일으
켰다. 아이히만은 유대인을 수용소까지 이송하는 역할을 수행했

당신은 누구와 친구하고 싶은가?
생각하고 행동하는 박정훈 대령[4]인가
악귀 전쟁광 계엄령 환자들인가

지나가는 개에게 물어봐도 100% 전자 아닌가?
좋은 사람, 멋진 사람, 예쁜 사람은
갓난아기가 먼저 알아본다.

아이히만을 다른 인간과 같다고 말하는 건
이분법 강에 빠지지 않으려 용쓰다가

는데, 그는 '유대인을 직접 죽이지는 않았으며 법으로 정해진 명령에 따랐을 뿐'이라고 항변했다. 이 지점에서 철학적 질문 가능하다. 그에게 죄가 없다면 인간 전두엽은 그 존재가치가 없는 것. 자기 머리로 생각하지 않는 죄가 살인죄보다 적을까? 하긴 뇌의 핵심 임무는 사유가 아니라 생존이라고 현대 뇌과학은 말하고 있다. 그렇다고 생각하기를 포기하고 짐승이 될 것인가?

4) 해병대 수사단장. 해병대 채상병 사망 사건(2023. 7. 19.) 조사기록 민간경찰 이첩을 보류하라는 김계환 당시 해병대사령관의 명령에 항명했다는 혐의로 국방부검찰단에 의하여 기소(2023. 10. 6). 이종섭 당시 국방부 장관에 대한 상관 명예훼손 혐의까지 받았다. 2023년 12월 7일부터 2024년 11월 21일 결심공판까지 열 차례 공판이 진행되었으며, 당시 사령관과 장관 등이 증인으로 출석하였다. 군검찰은 결심공판에서 징역 3년을 구형하였으나 2025년 1월 9일, 1심 선고 공판에서 항명·상관 명예훼손 혐의 모두 무죄 선고받았다. 상관의 명령 대신 인간이라는 이름에 복종한 죄? 진리가 죄라면 그대는 종신형.

양비론과 기계적 중립 대양에 빠져 즉사하는 꼴이다.

없는 걸 있다고 치고
있는 것 옆에 나란히 놓는 것,
흑백이분법은 아차 하면 할 수 있는 실수다.
그러나 인생 살아가는 데 있어서는 크나큰 실패

친위쿠데타란 사람 몇만 명쯤
죽이려고 시작하는 일
공포정치의 서막
지금 체제가 독재와 다름없다는 반증.

비상계엄에 동조하는 자들이나
정상적으로 사고하는 이 제외한 15~20% 좀비5)도
사람으로 쳐야 한다고 믿는가?

사람이면 사람의 길 가라.
그렇다면 사람으로 쳐주마!

---

5) 좀비(zombi, zombie)는 말하자면 '살아 있는 시체'. 살아 있으되
   정신이 없는 자. 비유로 많이 쓰인다. 영화 속에서는 모종의 바이
   러스 감염으로 좀비가 된다. 아이티 공화국(Haïti)의 부두교에서
   유래되었다.

가장 철학적인 고민
-아이히만 혹은 블랙 요원 그 실존의 순간

가장 철학적인 고민은
생사의 갈림길에서 시작된다.

그것은 바로 '자살'이라고
예전 알베르 카뮈(Albert Camus) 책에서 본 듯하다.
셰익스피어도 고민 좀 했겠다.
그러나 죽느냐 사느냐는 중요하지 않다.

단 하루를 살더라도
어떻게 사는가가 중요할 뿐

주체냐
객체냐

위에서 시키는 대로 할 것이냐
신과 일대일 단독자로서
실존적 사유 할 것이냐

제1장 가장 철학적인 고민

상관이 명령한다고
국민 가슴에 총구 들이댈 것이냐
명령 거부하고 제 전두엽으로 사유할 것이냐

예루살렘의 아이히만 될 것이냐
생각하는 인간 될 것이냐

나 살자고 사람 죽이는 악惡이 될 것이냐
저는 죽더라도 만인 살리는 선善이 될 것이냐

수동의 부역자
괴뢰[1] 될 것이냐

능동의 주인공
자기 자신의 주인 될 것이냐

바로 그날 12월 3일 국회에 침투했던
국회 앞 시민에 막혔던
안귀령[2]에 총구 잡혔던

---

[1] 남의 조종 받는 사람, 외부세력에 의해 지배받는 정권을 이르는
말. 꼭두각시.
[2] 국회에 난입한 계엄군 총구 붙잡고 "부끄럽지도 않냐?" 일갈했던

남태령3)에 출동했던

군인이나 경찰 직분 아닌
그 개인들 '실존'이 명멸했던 순간 말이다.
지금도 복귀명령 떨어지지 않아 방황하는
블랙4)의 고민 말이다.

비정규직 앵커 출신 민주당 영입 인재. 전 민주당 서울시당 홍보
소통위원장. 현재 대통령 비서실 부대변인.
3) 서울로 진입하는 초입 남태령. 지난 2024년 12월 21일 전국농민
회총연맹이 비상계엄을 규탄하기 위해 '전봉준 투쟁단'을 꾸리고
상경 투쟁을 전개하자 경찰이 가로막고 나섰던 곳. 광화문 대규
모집회 시민들이 이 소식을 듣고 남태령으로 모여들며 사상 초유
의 한겨울 길바닥 밤샘 집회가 시작되었다. "경찰은 차 빼라. 차
빼라." 시민들은 투쟁단을 엄호했다. 촛불집회가 있을 때마다 트
랙터를 몰고 광화문으로 향했지만 번번이 경찰에 가로막혀야 했
던 세월. 투쟁단은 감격의 눈물 흘렸다. 130년 전 동학농민군은
우금치에서 그 꿈을 접어야 했지만 2024년 전봉준 투쟁단은 비
상계엄의 한가운데에서 촛불 시민과 응원봉 물결에 힘입어 22일
아침 서울에 입성하는데 성공했다. 따뜻한 음식과 담요, 난방 버
스가 속속 도착하여 시민들을 지켰음은 물론이다. 현장에 가지
못한 다른 시민들 연대의 손길이었다. 우금치 전투는 동학농민운
동 당시 대표적인 전투다.
4) 간첩. 간첩은 블랙과 화이트로 구분된다. 화이트는 외교관 등 합
법적인 신분으로 공개적 정보 수집을 진행하는 반면 블랙은 위장
신분으로 몰래 들어가 불법적이고 위험한 작전을 수행한다. 다음
해인 지금까지도 임무 해제 명령을 받지 않았다는 블랙 요원 뉴
스가 요즘 속속 전해지고 있다. 비상계엄 있었던 날은 2024년
12월 3일이다.

생각해 봐야 한다.

인간이 미물인가?
군인이 로봇인가?
최정예 비밀 요원이라는 게 단지 리모컨인가?

인간이 먼저인가? 군이 먼저인가?
국민이 먼저인가? 명령이 먼저인가?
이를 판단하는 것이 철학

하늘 아래 가장 큰 질문이다.
어떻게 사느냐가
죽느냐 사느냐보다 중요하다.

사람아 사람아5)
어떻게 살 것이냐?
우리 이대로 어디로 갈 것이냐?

*2025년 1월 11일 씀

---

5) 기형도 시인의 시 한 구절을 오마주하다: 기형도, 『입속의
   검은 잎』, 문학과 지성사, 〈병〉, 1991, 103쪽.

거대담론이 '나'보다 큰가?

거대담론 뒤에 숨을 수 있을 만큼
'나'가 작다면 낭패다.

'나'가 가려질 만큼 대단한 거대담론이
우리 사회에 있었던 적도 없건만
요즘 다시 쪼그라드는 자신 정당화하며

"거대담론 뒤로 도망가지 말자"
"내 앞가림이나 잘하자" 슬로건이
슬금슬금 기어 나오고 있는가 보다.

슬픈 일이다.
나라 위상 곤두박질치니
개인들도 다 쪼그라들어 사소해져 간다.

애초 대륙의 기상 어디로 가고
챔피언 바디1) 잃어버렸다.

---

1) 챔피언은 실력 제대로 보기도 전에 몸 보면 알 수 있다. 씨름, 권
   투, 격투기 등. 실제 '챔피언 바디'가 있다. 대륙과 섬 중 어느 곳

세계와 만나지 못하는 개인
우주와 접속하지 못하는 인간 군상들

우주 잃은 인간을 인간이라고 할 수 있을까?

우주 안에 있었다는 흔적도 없이
있어도 그만 없어도 그만인 존재
그것이 인간 비참.

무대와 유리된 배우는 배우가 아니다.
펜 잃은 작가는 작가가 아니다.

피아노 압수당한 피아니스트는
더 이상 피아니스트가 아니며
전체와 만나지 못하는 나사 하나는
그 존재 수시로 부정당한다.

이 실력 발휘 잘할 수 있겠는가? 당연히 대륙이다. 섬에 갇혀 있는 한 실력이든 꿈이든 가로막힌다. 특별한 외부 영역 건설하지 않는 이상 자멸은 가속화된다. 밖에 나가 돈 벌어오는 게 진보다. 가족끼리 먹거리 나누는 '분배'만으로는 근본적인 문제 해결되지 않는다. 한계가 있다. 우리나라는 대륙이다. 북한에 막혀 있지만, 북한 통과하고 러시아와 중국 관통하여 유럽 땅끝까지 갈 수 있다. 드넓은 잠재력 있다. 그를 버려두고 섬 안에서 복작거린다면 멸망 자초하는 길이다.

대한민국호 침몰하고 있다면
지식인과 언론인은 소리쳐 위험 알려야 하고
위정자들은 목숨 걸고 국민 지켜야 한다.

여전히 "가만히 있으라." 외치는
리더 아닌 리더, 유사 리더들 사이에서
한가하게 절망이나 유포하며 소확행[2] 즐긴다면

국민도 국민이 아니고
시민도 시민이 아니다.

화성 테라포밍 허사로 돌아간다면
달이든 타이탄(Titan)[3]이든 다음 후보 물색하고

---

[2] '소소하지만 확실한 행복'이라는 뜻의 약어. 한두 명이 그렇게 말하는 것은 상관없지만, 너도나도 모두가 소확행 타령이라면 확실히 그 사회는 문제 있는 것이다. 인간이 작아지고 위축되었다는 증명. '왜 나는 조그마한 일에만 분개하는가'(詩 「어느 날 고궁을 나오면서」 첫 행) 김수영 시인 일갈이 떠오르지 않는가? 《문학춘추》, 1965.

[3] 현재 관측된 토성의 63개 위성 중 가장 큰 위성. 화성에 이어 테라포밍 행성 유망 리스트에 이름 올려놓고 있다. 표면 온도는 영하 180도로 낮지만 대기가 풍부하고 얼음 퇴적물이 많아 산소를 만들 수 있을 것으로 보인다. 대기 밀도가 높아 우주 방사선도 막아준다. 유일한 단점은 지구에서 10억 km 이상 떨어져 있어 도착하려면 시간이 좀 걸린다는 것. 참고로 보이저 1호는 3년이

진도 나가는 것
우주항공청이든 한국판 NASA든
이왕이면 다른 나라보다 먼저 우주 진출 꿈꾸는 것
그것이 시민의 할 일.

미리 준비해 두어야 한다.

세상 변화 이끄는 것은
인터넷 광케이블, 스마트폰, AI, 우주개발 등
과학이지만

그 진화와 일상의 상호작용 해석하고 논하는 것은
인문학이다.
철학이다.

거대담론은 촘스키⁴⁾들의 전유물이 아니고
위정자들은 오히려 철학 담론에 가담하지 않는다.

이런 마당에,

　　지나서야 토성에 도착했다.
4) 촘스키(Avram Noam Chomsky, 1928~)는 미국 국적 언어학
　　자이자 철학자. 사회평론가. '세계의 지성'으로 불리기도 한다.

'나'나 돌아보고 성찰해야 한다면 그것은
엄마 뱃속으로, 무덤 같은 알 속으로
다시 기어들어가는 바다거북이의 형국
지식인의 자의식 과잉, 혹은 결핍

정작 깨달음도 제 한 몸 단도리하는 게 아니다.

넘어지고 쓰러져도 우당탕탕 삐걱삐걱
온몸 피투성이로 대양 향하는 새끼 바다거북이처럼
사력 다해 나아가는 것.

결과가 아니라 과정!

지금 이 나라는 맹금에 잡아 먹히기 직전이다.
국가 존재 자체가 색즉시공 공즉시색,
시계視界는 희뿌옇고 일상은 무너졌다.

소확행 할 '나'가 존재하는가?

'나'가 그저 '나' 하나에 머무는 것을
우리는 짐승이라고 부른다.

제1장 거대담론이 '나'보다 큰가?

부모는 자식까지가 '나'
나라 걱정한다면 그 순간만큼은
'나'의 바운더리 '나'를 넘어서는 것

지구 온난화 걱정하고 있다면
적어도 지구까지가 '나'다.

'나'는 어디까지 나아갈 수 있는가?
어제보다 나아졌는가?
퇴행하고 있는 것은 아닌가?

보다 큰 '나'와 접속하는 것
그게 민주제다.

깨달음이다.

정신 차려야 사는 거지 목숨 연명한다고 사는 게 아니다.

*2023년 1월 28일 씀

'나'를 확장하는 사람, 지성인
-지식보다 지성으로 사유하는 사람

오로지 '나'만을 이야기하는 사람은
'우리'를 이야기하는 사람에게
위화감 느낄 수도 있겠다.

'우리'를 이야기하는 일이란
어쩌면 주제넘은 일

알고 보면 누구나 '나'를 이야기하고 있다.
'나'의 범위가 다를 뿐이다.
스케일 다를 뿐이다.

거대담론도 사실 '나'를 이야기하는 것
'나' 뺀 사회란 있을 수 없다.
'나' 뺀 우주가 존재하는가?

거대 담론은 그 자체로
세계를 '나'로 인식한다는 뜻

날마다 '나'를 혁명하는 것과
세상 바꾸는 일은 다르지 않다.

내 한 몸 고민과 사회가 구동하는 방식은
서로 불가분 관계에 있다.
일개 인간 삶과 세계가 나아가는 방향은
한 치 오차 없이 포개진다.

내면 정돈된 사람은
우주가 작동하는 방식에 감정이입
혹은 이성이입 할 수밖에 없다.
타인의 일이 곧 제 일 될 수밖에 없다.

남 일이 그저 남 일로 머물 때
우리는 인간을 유린당하는 것

인문학은 숨 쉬듯 묻고 있다.
인간이냐?
짐승이냐?

인간을 하향평준화 해놓고

인간도 미물과 같다고 규정한다면
인면수심 주인공들조차 인간이라고 쳐준다면

인간 욕보이는 것.
그것이야말로 정치다.

저도 기꺼이 거기에 올라타고
지하 끝까지 내려갈 수 있다는 포석
비겁해지는 자신 발견할 수 있어야 한다.

세상에 정치 아닌 일 없다.
두 사람 모이면 정치 작동된다.

무인도에 사는 자연인도
세상 외면하거나 도피하는 방식으로
세상과 관계 맺고 있다.

누군가 이 우주가 역겨워
우주 밖으로 나간다면
탈출 방식으로 세계와 만난 것이다.

제1장 '나'를 확장하는 사람, 지성인

「트루먼 쇼(The Truman Show, 1998)」 트루먼처럼
세계 찢어발기고 나아가는 것
세계는 우리를 가둔 벽
기어이 깨뜨리고 나아가야 할 알이다.

시민이 탄핵 외치고 촛불[1]드는 것은
정치에 경도된 것이 아니라

세상 모든 일 서로 연결되어 있는 것,
정치가 우리 목 칼로 찌른 것이다.

동맥마저 끊기지 않으려
예민하게 반응하는 것
성숙하게 응전하는 것

---

[1] 촛불혁명 역사는 꽤 유구하다. 2016년 가을부터 2017년 봄까지 박근혜 대통령 퇴진을 요구하는 집회가 있었다. 이후 박근혜 전 대통령은 탄핵되었다. 그 이전 2008년 '미국산 쇠고기 수입 반대 촛불집회'도 있다. 거슬러 올라가면 1974년 민주주의 회복 요구한 유신체제 반대 집회도 있다. 촛불집회 특징은 지성과 유쾌함 혼재한다는 것. 2025년 요즘은 젊은 층에서 촛불 대신 아이돌 가수 응원봉 들고 나와 집회를 축제의 장으로 만들고 있다. 촛불집회에는 세대 차이가 없다. 4050은 물론 6070 그 이상도 2030 세대와 나란히 주축이 되어 행동했다. 이른바 빛의 혁명이다.

정치인은 다만 도구다.
믿는 대상이 아니라 쓰는 대상이다.
무기다.

작가에게 펜과 같다.
군인에게 총과 같다.
농민에게 곡괭이, 트랙터와 같다.
상징적 무기이자 물리적 도구
유통기한 지나면 새것으로 바꿀 수 있다.

시민이란 정치인 추종하지 않는 자
자기 권력 스스로 디자인하는 자.

주인은 '나'다.
당신도 사실 마음속 깊은 곳으로부터
자신 지지하고 있다.

누구나 '나'의 입장에 선다.
그 '나'가 어디까지인가?

인문학이 묻는 것은 오로지 그것뿐.

제1장 '나'를 확장하는 사람, 지성인

거대담론이 죽은 세상

-함께 꾸는 꿈이 진짜 꿈이다

거대담론이 죽은 세상에선

문학이 죽고
예술이 죽고
아이들 기가 죽고

힘차게 뻗어나가야 할 고구려인 기상도 죽는다.

꿈은 사라지고
어린이 장래 희망은 공무원이 된다.
요즘은 '대통령'조차 그 리스트에서 삭제되었다.

과학자도 없고
철학자도 없고
예술가도 밟혀 죽어버린

이렇게 시끄러운데도 기분 나쁘게 고요한 세상
하긴 소란스럽지 않은 세상은 이미 죽은 세상

혼자 꾸는 꿈은 꿈이 아니다.
단지 진로 혹은 성취
사적 해프닝

긴 안목으로 큰 걸음 걷지 못한다면
스케일 키우지 못한다면
각자 제 입장에서
'나' 하나만 전전긍긍 껴안고 산다면

외계인 쳐들어와도
밖에 나가 전선에서 싸우지 않고
집구석에서 징징거리게 된다.

더 높은 곳 바라보지 못하고
시선 외부로 향하지 못하고
비전 제시하지 못하고

진취적으로 사고하지 못하고
능동버튼 누르지 못하고
식구들이나 패게 된다.

제1장 거대담론이 죽은 세상

못난 스스로를 발견하곤 깜짝 놀라
가장 만만한 약자나 괴롭히게 된다.
섬에 갇혀 윌슨 하고나 대화하게 된다.

옆집에서 반인륜적 범죄 일어나도
남의 가정사라고 모른척하는 자신
정당화하게 된다.

이웃 나라에서 침략전쟁 일어나도
자국 이익만 계산할 뿐

인간과 문명과 지성이 나아가야 할 방향에 대해
함구하게 된다.

"피해자도 잘못 있다"
"피해국이 도발했기 때문이다"
말만 AI처럼 반복하게 된다.

전자의 전제는
'명백히 가해자 잘못이지만'이다.
후자의 전제는

'약한 주제에 힘의 논리에 순응하지 않고'이다.

이게 바로 '인간 비참'
세상에 약자가 가만히 있다고
때리지 않는 강자 있던가?

"네가 먼저 때렸잖아"
이게 어린아이 골목 싸움인가?

미국이 나서고 프랑스가 장단 맞추고
촘스키[1]가 '추악한' 뚜쟁이 노릇 한다고 해서
대충 좋게 좋게 다 끝나겠는가?

막다른 길에 내몰린 러시아는 결국
할리우드 영화 속 캐릭터 벗어나지 못한 것

---

1) 미국 국적 언어학자이자 철학자. 사회평론가. 2022년 4월 13일, 급진적 매체 *커런트 어페어스(Current Affairs)* 팟캐스트 대담에서 촘스키는 말한 바 있다. "푸틴과 소수 측근에게 출구 열어주는 '추억한 해결' 시도해야 한다." 이는 "푸틴을 더 압박하고 우크라이나에 지원 강화해야 한다."는 힐러리 클린턴 전 미국 국무장관 등을 비판하면서 한 말이다. 이에 말한다. 이로써 '세계의 지성'은 없다. 촘스키 말은 가해자 중심 잔인하고 무도한 힘의 논리, 인간 본능 넘어서지 못한 "피해자 너 하나만 참으면 된다"는 전형적인 구시대 발상. '세계의 지성'도 이제 늙어 보수화되었다.

미국 저주에서 풀려나지 못한 것

우크라이나는 이참에
블러핑(bluffing)[2] 한 번 제대로 해보는 것
독립운동 모양 갖춰진 것
독립운동에 피 흘리는 건 당연한 일

사실은 두 쪽 다 서구[3] 문명과
자연스럽게 도킹[4]해야 했던 것이다.
서구에 합류하지 못하고 소외된다면
어느 나라라도 고립되어 서서히 말라 죽게 된다.

이스라엘과 팔레스타인
그 피비린내 나는 전선에는
예전 약자였던 ― 강자의 능동적 자기합리화가
대놓고 발톱 드러내고 있다.

---

2) 주로 포커와 같은 게임에서 사용되는 전략으로, 좋지 않은 패를
  가지고 있으면서도 좋은 패를 가진 것처럼 허세를 부려 상대를
  속이는 행위를 말한다. 일명 허세 부리기.
3) 넓은 의미로 서양 세계(western world)를 일컫는 말로 썼다.
4) 1. 인공위성, 우주선 따위가 우주 공간에서 서로 결합함. 또는 그
  런 일. 2. 배를 선거(船渠)에 넣음. 또는 그런 일. 3. 결합, 안착,
  만남의 비유.

이는 서쪽 이야기.
서양 문명과 동양 문명 사이에 차원이 존재한다.

기독교 문명과 유교 문명은 팬데믹 상황에서
그 잠재성 적나라하게 드러낸 바 있다.

'마스크 하지 않을 자유' 부르짖는 기독교 문명
'공동체에 대한 의리'로 고도의 철학 보여 준 유교 문명
인류는 각자도생과 공존 중 어느 쪽 지향해야 하는가?

지금 바람은 동쪽으로 불고 있다.
세계의 방향성에 우리 사뿐히 올라탈 때다.
바람 이름은 특별한 자부심
또한 헌걸찬 기개

무대가 주어졌는데도 쭈뼛거리고 있다면 낭패.

중국과 일본이 조금씩 제 역할하고 있는 지금
'다음 타자는 우리'라는 태도 필요하다.

지금은 집안싸움 할 때가 아니라

제1장 거대담론이 죽은 세상

외계5)에 대처해야 할 때

우주로 진출하여 우리 영역 확장해야 할 때

꿈에 접속해야 할 때

마침내 웅대하게 일어서자.

다 함께 꾸는 꿈이 진짜 꿈이다.

미국도 꿈 잃은 지 오래. 트럼프적 해프닝 속에서 허우적허우적.
우리 역시 희망 잃고 헤매는 것은 아닌가? 인류가 모두 사막에서
길 잃은 것은 아닌가? 우리는 어디로 가고 있는가?

*2022년 6월 8일 씀

---

5) 외부로 영역 확장하자는 의미의 상징어. 지구인이라면 모두 같은
편. 외계인이라도 쳐들어와야 다 같이 힘 합칠 것 아닌가. 외부에
적이 없을 땐 내부에서 편 갈라 싸우는 게 공동체 이루는 인간
본능이자 '고인 물'의 썩는 방식, 에너지 쥐어짜 한 점으로 모으
는 방법. 우리 때로 그 본능 넘어서는 각성 필요하다. 물론 외계
인 쳐들어와도 지구 용사 잡아 가두고 고문하는 외계 앞잡이 분
명 있을 것. 그 숫자 30% 넘지 못할 것이지만.

당신은 지금 살아있나요?
-아주 오래 걸리는 일

우리 끝끝내 죽지 않고 살아있는 방법은
아주 오래 걸리는 일 하는 것이다.

가령 아기를 낳고 기르는 일
문학하고 예술 하는 일
사업하는 일
세상 바꾸는 일

그러나 아기도 매일 낳을 수 없고
기르다가 내가 죽거나
보살피다 보살피다
길게 늘어진 시간 위로 벌러덩
나자빠지기 일쑤

예술이랍시고 도리어 퇴행하는 일은
또 얼마나 많던가.
권력 눈 밖에 나면 알리바바1) 마윈처럼
펄펄 날던 시간 멈추기도 한다.

제1장 당신은 지금 살아있나요?

세상 바꾸는 일은 또 이다지도 지난하다.

끝끝내 인간으로 살아내기 어렵다.

죽지도 않고 외로움에 떨지도 않은 채

사냥감 향하는 사자와도 같이

설렘과 긴장 유지할 수 있을까?

천년을 사는 나무[2]처럼

매해 새로 태어날 수 있을까?

인류 단위의 일은 그것을 가능하게 한다.

닫힌계 안에서는 어차피 제로섬[3] 게임

---

1) 중국의 종합 IT그룹. 상거래 사이트로 시작한 회사라서 중동 아랍 지역 민화 '알리바바와 40인의 도둑' 주인공 이름에서 회사명을 따왔다. 전자상거래 플랫폼을 기반으로 물류, 핀테크, 클라우드 컴퓨팅 등 많은 분야에 진출해 있다. 창업주 마윈 회장은 2019년 9월 이사회 의장직을 사퇴했다.

2) 나무 바깥쪽 껍질은 매년 죽어서 떨어져 나간다. 안쪽에서 새 껍질이 자라 올라오면서 겉껍질이 팽창하고 갈라져 벗겨지는 것. 나무는 매해 새로 태어난다. 마찬가지로 우리 인간 세포도 몇 년 주기로 새로 태어난다.

3) Zero-sum game이란 한 참여자의 이득이 다른 참여자의 손실과 일치, 플러스 마이너스 합하여 0이 되는 게임을 말한다. 한쪽이 얻는 만큼 다른 쪽은 잃을 수밖에 없다. 큰 차원에서 보면 새로운 에너지 주입되지 않은 것. 우물 안에서 복작거리며 서로 뺏고 뺏길 뿐 생산성 0이라는 뜻. 외부 개척하여 새로운 공급 이루어

창 열고 담장 부수고 외부로 진출해야 한다.
기어이 외부를 내부로 만들어야 한다.
그것이 인간으로서 세상에 와 해야 할 일

보수나 진보 같은 건 따로 없다.
진보라는 영역 움켜쥐고 제 밥그릇이나 챙기는 건
진보 간판 내걸고 장사하는 것
진보도 정치도 아니다.

외부로 뻗어나가 새로운 먹거리 확보하는 것
세계 속에 우뚝 서는 것
우주 진출하는 것

리더가 아니어도 리더 관점 가지고
인류 문명 고민하는 일
인간으로서 자존감 드높이는 일
바로 혁명가 되는 일

그것이 진정한 보수이자 진보

_____

져야 답답한 형국 벗어나 도약할 수 있다. 그때에야 성장이든 진
보든 이룰 수 있다.

제1장 당신은 지금 살아있나요?

지성의 일이자
인간의 일이다.

무엇인가?
바로 인류의 일을 나의 일로 생각하는 것!

인류 단위의 일
아주 오래 걸리는 일 한다는 것은

죽을 때까지 할 일 있다는 뜻
단지 '나'에 갇힌 수인 되지 않아도 된다는 뜻
낡고 해져 인간 명예퇴직 당하지 않아도 된다는 뜻이다.

나이 먹어도 늙지 않고
죽어도 죽지 않는다는 뜻이다.

우리가 못다 한 일,
후대가 이어서 하므로
후대에 의해 날마다 소환되므로
그 뜨거운 가슴에 영원히 살게 되므로

죽을 수 없다는 뜻.
그러려면 제대로 한 번은 죽어야 한다는 뜻
그라운드 제로4)에 우뚝 서야 한다는 뜻

할 일이 있다는 것만큼
희망 찬 일이 있을까?

우리에겐 아직 혁명의 나날이 많이 남아 있다.
우리는 지상 최고 부자다.

AI, 방역, 해운, 조선, 자동차, 배터리, 수소차, 반도체, 신항로, 대륙열차, 그리고 문화. 우리 미래 사업이다. 지금 화마가 휩쓸고 지나간 자리가 그 숭악한 자태 드러내고 있다. 황무지 같아 보이지만 새로 피 끓는 종이 싹트기 좋은 환경이다. 다시 살려낼 수 있을까? 있을 것이다!

---

4) 그라운드 제로(Ground Zero). 원래 뜻은 폭발이 발생한 지점, 폭격 지점. 2001년 9.11 테러 때 뉴욕 세계 무역센터가 무너진 장소, 그리고 그 자리에 세워진 9.11 메모리얼 파크를 뜻하기도 한다.

제1장 당신은 지금 살아있나요?

제 2 장

설렘이라는 전초기지

노인과 바다
-제1 법칙 내력 법칙

노인은 무엇과 싸웠는가?

바다와 싸웠는가
상어와 싸웠는가
청새치와 싸웠는가
과연 무엇으로 제 존재 증명했는가?

싸움 그 자체였다.

인품 훌륭해도
재능 뛰어나도
온갖 미담에 아름다운 성장배경 가졌어도

적이 없는 자는
지사志士가 아니다.

어른 된다는 것은 곧 지사 되는 일

제2장 노인과 바다

저 하나에 머물던 생각
더욱 확장하여 세계 만나는 일

글 쓴다는 것은
자기만의 우주 선포하는 일
날마다 전쟁터에 서서 전진하는 일이다.

예술하는 것
사업하는 것
아이 기르는 일도 다르지 않다.

돈 버는 일
생계유지하는 일이 어찌 다르랴.

비바람과
벌레와 가뭄과 싸우지 않는 온실 속 화초는
그 존재 증명되지 않는다.

외력에 팽팽하게 맞서지 않는 건물은
이미 붕괴되었다.

내력으로써 상피 밀어내지 않는 세포는
생명력 중단되었다.
스트레스 없는 상태 혹은
단지 행복 꿈꾸는가?

그것은 세포벽 없는 — 죽은 세포
이미 무너진 건물
생명력 없는 식물
리더 없는 오합지졸

당신은 무엇과 싸우는가?
적이 있는가?

내 안 방해자
내 안 괴물
역사의 배반자
이 문명의 벌레들 발견했는가?

살아있다는 것은
끊임없이 파도와 맞선다는 것

제2장 노인과 바다

심부름꾼이나 노예, 백성에게
적은 필요치 않다.
다만 리더에게는 필요하다.
신엘리트 시민에게는 필요하다.

단언컨대
우리 일은
시민의 일은

날마다 제 안 괴물 처단하고
우리 나아가는 길 쓰레기 치우는 일이다.
엔트로피 증가 법칙 위배하는 그 모든
생 아닌 것들
척결하는 일이다.

왜냐고?

문명과 야만,
지성과 반지성
인간과 비인간의 싸움은 계속되므로

시민과 독재 세력 간 전쟁은
우주가 존재하는 한 끝나지 않으므로
그것이 바로 역사이자 진리이므로.

싸움은 언제 멈추느냐고?
"멈추는 것은 죽음. 싸우는 게 곧 삶이다."

아직도 민주화 같은 걸 위해 싸워야 하느냐고?
"그게 바로 인류 역사. 지성과 문명과 인간의 전제다."

제2장 노인과 바다

존재는 너와 나 사이에서 꽃처럼 1
-제3 법칙 절대접점 법칙

존재란 '나' 혹은 '너'가 아니다.

너와 내가 연결되었을 때
그 사이에서 꽃처럼 피어날 뿐

'나'라는 존재는 단지 '나'가 아니라
'너'와의 접점

세계와 연결되지 않은 '나'는
아직 존재가 아니다.
전체와 맞닥뜨리지 않은 '나'는
부분이자 나사 하나일 뿐.

연결되지 않았다는 것은
결정되지 않았다는 것
결정된 것은 아직 아무것도 없다.

슈뢰딩거의 고양이[1]는 죽었는지 살았는지
상자 뚜껑 열 때 결정된다.

세계와 연결되지 않았다면
전체와 만나지 않았다면
'나'는 짐승인지 인간인지 결정되지 않은 것

그렇다면 언제 결정되는가?
짐승 짓 하는 순간 짐승으로 결정 나고
인간 행세 하는 순간 인간으로 판명 난다.

나쁜 것도 좋은 것도 아직 정해지지 않았다.
좋은 놈과 나쁜 놈은 따로 있지 않다.

나쁜 짓 하는 순간에,
그 접점에 나쁜 놈 되는 것이다.

---

1) 상자 안에 고양이와 독성물질 같이 넣어놓고 하는 방사선 감지
   사고실험. 방사선 감지되면 병이 깨져 독성물질 흘러나오게 된다.
   이 상자를 열기 전에는 고양이가 살아있는 상태와 죽어있는 상태
   로 공존하는 것. '양자 중첩' 상태가 무엇이냐는 질문에 대한 답
   이자 양자역학 묘사하는 가장 대표적인 사고실험이다. '고양이가
   죽었는지 살았는지는 상자 뚜껑 열 때 결정된다'가 더 정확한 철
   학적 물리학적 워딩(Wording).

좋은 놈도 마찬가지
유효기간은 오로지 순간이다.

한 번 인간 탈 썼다고 끝까지 인간인 것은 아니다.
진리에 철밥통이란 없다.
세계 모든 것은 변한다는 변하지 않는 법칙[2]
이 우주에는 있지 않은가?

배우가 배우인 것이 아니라
무대와 배우 만나는 접점이 배우다.
글과 작가 만나는 접점이 작가고
방아쇠와 손가락 만나는 접점이 스나이퍼다.

마동석[3]이 좀비나 악의 무리 물리칠 때
그 타격점에서 비로소 마초, 혹은 강력계 형사 탄생한다.

한 나라 영토와 개인 간 접점이 국민이라면
민주제 혹은 독재 세력과

---

2) 우주 제1 관문 엔트로피 증가 법칙.
3) 대한민국과 미국에서 활동하는 한국계 미국인 배우, 프로듀서. 남
   다른 체격으로 강력계 형사, 깡패, 전직 격투기 선수 등 거친 역
   할 많이 하는 배우.

세차게 만나는 접점이 시민이다.
주인공 배역과 혼연일체 만나는 자가 주인공이고
구름에 달 가듯 스쳐 지나가는 자가
'있는지 없는지 모호한' 엑스트라다.

눈치 보며 슬슬 피해 가는 자,
공정한 척 중간지대에 숨어드는 자,
오로지 제 살길 찾아 유리한 쪽에 붙는 기회주의자,
구경꾼, 방관자, 오지랖 펼치지 못한 이들은 그러므로
그 순간 '비존재'

구름 뚫고 다시 나타나면
알량한 오지랖 펼치면
세계와 연결되면

'존재'다.

이는 최첨단 물리학이자 고도의 철학. 이른바 절대 접점 법칙. 이
접점 이론은 결정론 혹은 이분법 타파하며 양자역학 세계관으로
다이렉트로 진입한다. 아니, 〈빛의 철학〉이 양자역학과 한 점에서
만나 접점 이룬 것이다.

제2장 존재는 너와 나 사이에서 꽃처럼 1

존재는 너와 나 사이에서 꽃처럼 2
-제3 법칙 절대접점 법칙

점이란 '부분'이 없는 것이다.
— 이는 유클리드 기하학 첫 문장!

부분이 없다는 것은
부분이 곧 전체라는 뜻
부분과 전체 간 괴리 없다는 뜻

나아가 부분과 전체가 비로소 만났다는 뜻도 된다.
A와 B가 만나는 점
접점이라는 뜻.

접점은 전체를 규정한다.
접점은 전체와 같다.
접점은 비존재가 비로소 존재로 드러나는 한 점이다.

그 한 점에 온 우주 구겨져 들어 있다.
우주 휘몰아쳐 들어와
점에 응축된다.

세계와 나의 만남은
아슬아슬 점 하나에서 이루어지는 역사
우아한 함축이다.
시詩다.

이는 빛의 철학, 혹은 절대신비 우주론[1]
이른바 절대접점 법칙이다.

'나'라는 존재는 단지 '나'가 아니라
'너'와의 접점이다.

무대와 유리된 배우는 배우가 아니다.
배우라는 직업 가졌다고 배우인 것이 아니라
무대와 누군가 만나는 접점이 배우다.

작가라고 불린다고 작가가 아니라
글 쓸 때 그 글과 만나는 접점이 작가다.
어제는 시인이었지만 오늘은 시인 아닐 수 있다.
더 이상 시가 호명해주지 않는 시인은

---

1) 〈빛의 철학〉은 글쓴이의 사고실험 결과이자 우주론이므로 필명 '절대신비'를 붙여 보았다.

오늘 시인이 아니다.

매일 쓰지 못하는 글쟁이는 글쟁이가 아니다.
우주와 접속하지 못하는 우주인은
우주인 아니다.

지금 신에 도달하지 못하는 예술가는
예술가 아닌 것.

귀신 혹은 무속과 만나는 접점이 무당이고
칼과 그 번득이는 정신
만나는 접점이 검객

기득권과 시민 세력 만나는 접점이 선거,
구엘리트와 신엘리트 만나는 접점이 혁명이다.

엄밀히 '그저 나'란 비존재다.
그 비존재인 '나'와 각성이 만난 접점이
비로소 나我

점은 '크기'2)가 없다.

'길이'도 없다.
쪼개지지 않는다.
쪼개질 부분이 없다.

점점 이루는 즉 전체가 된다.
우주가 된다.

우주도 '크기'가 없다.
'거리'가 없다.
나눠지지 않는다.
모두 연결되어 있다.

그를 깨닫는 것이 깨달음이다.

우리,
큰 점이 되어 볼 만하다.

---

2) 우주에는 '절대크기'가 없다. 다만 비교를 통해서만 측정할 수 있
는 '상대크기'가 있다. 모든 상대적인 것은 없는 것이나 다름없
다. 엄밀히 말해 없는 것이다.

벽 부수고 매트릭스 탈출

-문은 따로 있질 않고 벽은 원래 없었던 것

『주역』1)이 가치 있다면
점칠 수 있기 때문이 아니라
천지 만물 우주 운행 담고 있기 때문이 아니라
삶의 태도가 바로 진리임을 보여주기 때문이다.

64괘가 중요한 게 아니다.
내러티브(Narrative)2)가 중요한 게 아니다.
메시지 주려고 애쓰고 있는가?

서스펜스 끝나면
영화는 막 내리고 관객은 자리 떠난다.

우리 생도 그렇다.
끊임없이 다시 서야 할 이유

---

1) 『주역(周易)』은 유학(儒學)에서 삼경 가운데 하나. 우주 만물 원리
   를 기술한 책. 쓴 연대는 대략 동주 시대 이전으로 추정. 『역경
   (易經)』이라고도 한다. 64괘로 이루어져 있다.
2) 이야기, 서사 등을 의미. 여기서는 영화 용어로 썼다. 캐릭터가
   사건과 서사를 풀어가는 방식, 혹은 연출되는 방식을 뜻한다.

생이라는 소름끼치는 서스펜스와
그 길에서 뜨겁게 분출되는 스릴에 지지 말아야 할 이유
있지도 않은 운명 따위에 휘둘리지 말아야 할 이유다.

점치는 것보다 자존감 높이는 게 낫다.
운명 믿기보다 꿈 가지는 게 낫다.
사주팔자 따위에 휘둘리기보다
오늘이라는 전장에서 깃발 휘날리며
승리 적립하는 게 멋지다.

삶이란 무수한 전장戰場의 기록
너와 나는 삶의 전사
그 무엇이 되겠다는 목표보다
세상에 나서 이 정도는 해 주마 하는

소실점 발견하는 게 좋다
미션3) 하나 품는 게 좋다.
그것은 저 너머 극지에 있다.

---

3) 임무, 목표, 과제, 세상에 나서 '내'가 할 일, 혹은 '나'만이 할 수
있는 일.

제2장 벽 부수고 매트릭스 탈출

내 진로나 장래 희망 같은 것만 생각하다 보면
내가 할 수 있는 일 바운더리 좁히다 보면
제 역량과 한계에 갇히다 보면

잘 될 때는 잘 된다는 이유로
안 될 때는 안 된다는 이유로

불안초조해질 수밖에 없다.
우울해질 수밖에 없다.

부정 통과한 긍정이 아니라
그리하여 진정한 긍정이 된 절대긍정이 아니라
부정을 위한 부정에 매몰될 수밖에 없다.

이래도 좋고 저래도 좋은
물에 물 탄 맹물긍정 될 수밖에 없다.

삶 그 자체의 환희에 눈 뜨지 못하고
따로 중뿔난 의미 찾아 헤맬 수밖에 없다.

마침내 아침에 눈 뜨는 일이

권태로울 수밖에 없다.

삶은 곧 예술

꼭 예술가가 아니더라도
인류에 영감 줄 수 있다.

이 어지러운 세상에 화두 하나 던질 수 있다.
방황하는 인류에 방향 제시할 수 있다.
지금보다 나은 세상 만드는 데에
벽돌 한 장 쌓을 수 있다.

웅지 품은 장대한 인간 하나
제 안에서 발견하는 게

이 정상에서 저 정상 바라보는
장엄한 순간 포착하는 게
저 너머4)를 지금 여기에서 실현하는 게
매트릭스 속 NPC5)에서 탈출하는 유일한 해방구

---

4) 피안 혹은 깨달음 세계. 이승의 번뇌를 해탈하여 열반에 도달한
경지.
5) Non-Player Character의 줄임말로 비디오 게임 내에서 플레이

게임 속 시뮬레이션에 갇힌 한 답은 없다.

인생에 정답이 없는 게 아니라
생을 대하는 NPC 태도에 답 없는 것
인생은 계획대로 되는 것이 아니지만

저 하나에 갇힌
그리하여 계획 없는 인간과는 도무지
미지 도모할 수 없는 것

운명이 우리를 옥죄고 있는 게 아니라
매트릭스에 갇힌 자아가 제 안 맴도는 것이다.
그 주인 옴짝달싹 못하게 가두는 것이다.

판도라 상자는 어차피 열려야 했다.
독이 든 상자 속 고양이[6]는

어가 직접 조작할 수 없는 캐릭터를 말한다. 플레이어에게 정보
를 주거나 안내하거나 공격하며 상호작용한다. 게임 세계관을 풍
성하게 하며 게임 몰입도와 재미를 높여준다. 말하자면 역할은
있되 자유의지는 없다. 그를 과연 '존재'라고 할 수 있을까?
6) 독이 든 상자 속 고양이는 앞서 밝혔듯 양자역학 사고실험 속 고
양이, 슈뢰딩거의 고양이를 뜻한다. 이 고양이에게도 따로 이름이
있을 것이다. 상자 속에 갇힌 고양이에게 탈출은 제1 미션이다.
깨달음이다.

진작에 상자 부수고 나왔어야 했다.

실험실 밖으로 탈출,
저를 가둔 또 다른 NPC들에게
퍼큐(Fuck you) 날렸어야 했다.

인간이라는 이름은
희망 기다리는 일개 캐릭터가 아니라
마침내 신화 창조하는 예술가다.
신이다.

신이 '나'에게로 와 내가 되는 순간이
눈앞 확연하게 선명해지는 순간이
나를 둘러싼 견고했던 벽,
균열 생기며 일시에 부서지는 순간이

분명 있다.

그대! 지금도 늦지 않았다. 생은 언제나 지금, 이 순간부터!

제2장 벽 부수고 매트릭스 탈출

치욕 날개 삼아 날아오르라
-허무주의는 비겁한 핑계

정치가 망하면 국가 전반이 나락으로 떨어진다.

극우가 나라 좀먹는다기보다
남 사생활 파헤쳐 제 배 채우는
더러운 벌레가 문제라기보다
정치 후진성 그 자체보다

정치로는 내 삶 바꿀 수 없다는
허무와 착시와 좌절이
시나브로 나라 쓰러뜨린다.

그러나 리스크는 가산점!
인간은 비참할 때 오히려 존엄할 수 있다.
망국지경은 보다 높은 세계로 향하는 문일 수 있다.

지옥 같은 현실은
치욕 날개 삼아

죽음 딛고 날아오르라는 명령일 수 있다.
움츠렸던 가슴 활짝 펴고
백척간두에서 한 발 내디디라는 신탁일 수 있다.

역설이다.
극한 지점이 아니라면
존재는 제 안 신성 만날 수 없다는 역설

선거철마다 선거 무용론 말하는 자
결과에 사로잡혀 원인과 과정 도외시하는 자
절망 유포하는 자야말로 인간이라는 이름에 대한 반역

세상에서 인간 하나쯤 발견하지 못했다면
그건 세상 탓이 아니다.
예수도 석가도 소크라테스도 공자도 살았던 여기

세상에는 분명 존재한다.

결과에 연연하지 않고
생이라는 미션 묵묵히 수행하는,
허무주의나 양비론에 잠식되지 않고

제2장 치욕 날개 삼아 날아오르라

역사와 문명과 진화 방향으로 뚜벅뚜벅 걸어가는,
제 삶과 정면으로 마주 보는,
목숨 따위 공중에 매달아 놓은

비극 딛고 훌쩍 날아오르는 사람
부정 통과하여 긍정에 다다른 사람
마침내 차원 점프한 사람

그런 사람이 있다.
시간과 공간 초월하여
단 한 명이라도 그런 사람 있다는 게 희망이다.

악은 단지 선善의 실패
어둠은 빛의 부재

악의 원자
어둠의 암자 따위 없다.
세계에는 오로지 빛이 있을 뿐이다.

광자가 있고,
자극적이지도 섹시하지도 않아

자주 유포되지 않는 선이 있을 뿐이다.

방해자는 정치인 몇 명이 아니라
인간이기를 포기한 저질 매체가 아니라
언론 참칭한 쓰레기들이 아니라

우리 안 허무다.
주인 되지 못한 우리 안 자아라는 노예

방해자 처단하고 앞으로 가자.
그게 주인이 할 일

주인의 땅엔 핑계가 살지 못한다.

'아니라고 말하면서 나열하기 신공' 눈치챘다면 그대가 바로 승자. 악에 섣불리 져주지 말자.

*2021년 12월. 4일 씀

제2장 치욕 날개 삼아 날아오르라

설렘미학 1
-알아두면 쓸모있는 신비한 '슈뢰딩거의 고양이'

설렘이라는 파동의 진폭이 가장 높을 때는
언제일까?

친구인지 애인인지 구분할 수 없을 때다
아직 내 사랑 고백하지 못했을 때다.
저 사람이 나를 사랑하는지,
하지 않는지 알 수 없을 때다.

상자 안 고양이가 죽었는지 살았는지
미처 모를 때다.

결정지어지지 않았을 때
판이 깨지지 않았을 때
너와 나 사이 접점에
에너지 집중되었을 때!

설렘과 두려움은 같은 것

그 터질듯한 호르몬 격랑
맨정신으로 견디는 자가 승자

팽팽한 긴장 견디지 못하고
고백 테러로 서둘러 자신의 현 끊어버리는 자

그리하여 저 20세기 결정론 강으로 훌쩍
거슬러 가버리는 자

자폭은 어쩌면 습관성일지도 모른다.
결정지어지지 않은 모호한 상태
차마 버텨내지 못하는 것

이 대목에서 우리 슬퍼해야 한다.
결정지어졌을 때부터 관계는 죽기 시작한다.

친구인지 애인인지 결정해 버리고
애인인지 배우자인지 결판내고
내 편인지 아닌지 판가름하고
조급하게

잘라내고
털어내고
몸서리치고
결벽증 내세우고

적대적 공생관계 깨버릴 때 죽기 시작한다.

휴가 없을 때
비상금 없을 때
쉬는 시간 없을 때
핑계 댈 무덤 없을 때
집 나오면 갈 데 없을 때 죽고 만다.

여분 없어서 죽고
고요해서 죽고
정지해서 죽고
너무 깨끗해서 죽고
세균, 곰팡이, 박테리아 없어서 죽는다.

장사 안돼서 죽고
흥행 참패해서 죽고

엔트로피 증가하여 죽는다.

정치는 연애와 같고
국제관계는 사업의 그것과 통한다.

연애는 세상 모든 '관계'의 최종보스
사업은 극한 스트레스 관리

호르몬 분출 잘 컨트롤하고
세균곰팡이박테리아 등 식객7)관리에 여유 부리며
고도의 에너지 증폭 상태 즐겨야 한다.

깨달음이란
스트레스 즐기는 힘이다.

세상 성미 급한 결정론자들도
결국 양자역학 받아들일 수밖에 없을 것

고백 공격하지 말고

---

7) 1. 예전 세력가 집에 얹혀서 문객門客 노릇하던 사람. 2. 하는 일
없이 남의 집에 얹혀 밥만 얻어먹고 사는 사람.

너와 나 사이 접점 기어이 불사르지 말고
적대적 공생관계 파투 내지 말고
이분법 강에서 익사하지 말 것.

챔피언바디 유지할 것.

오랫동안 만나보면 알게 된다. 연인이지만 친구일 수 있고 친구지만 사랑일 수 있다. 배우자지만 한 방향 바라보는 동지 아닐 수 있고 아내지만 바깥양반일 수 있고 남편이지만 남의 편일 수 있다.

아내와 바깥양반은 중첩상태고 남편인지 남의 편인지는 뚜껑 열기 전에 알 수 없다. 모든 건 뚜껑 열었을 때 결정된다. 결정적 순간에 드러난다. 일본에서 지진 났을 때 아내 밀치고 저 먼저 달아났던 남편은 남의 편이자 곧 전남편이다. 남편과 전남편은 중첩상태다.

설렘미학 2
-세상 끝에서 추락할 때 날개 돋아난다

연애라는 개인 차원 사건에서 어장관리1)란
미숙하고 얄팍한 술수지만

정치2)라는 공공차원에서 그것은
고도의 전략이다.

식객 관리와 같다.
옛날 세력가들은 사랑채에 수많은 식객 거느렸다.

바로 세력!

---

1) 상대를 어장 속 물고기, 관리 중인 물고기에 비유한 신조어. 사귀
   는 상태와 사귀지 않는 상태가 중첩된 연애 상태. 관계를 발전시
   키지 않은 채 궁극적으로 대상 이성이 자기에게서 벗어나지 못하
   게 하는 행위, 혹은 기술.
2) 세상에 정치 아닌 일 없다. 두 사람이 있으면 권력관계 형성되고
   정치 작동하기 시작한다. 그럴 때 약자는 약자가 아니고 강자는
   강자가 아니다. 서사 무르익으면 반전 일어나고 마일리지 쌓이면
   전복 일어난다. 모든 것 뒤집힌다. 매 순간 무럭무럭 자라나는 역
   설의 날개여.

식객은 재주가 하나만 있어도
퍽 쓸모 있는 도구 된다.
도둑 사기꾼도 한 번은 쓸 수 있다.
적은 가까이 두고 굽어살필 필요 있다.
수박3)도 깨질 때까지는
하릴없이 밥 먹여줄 수 있다.

쓸모없는 이야말로 비로소 딱 한 번
쓸모 있기 때문이다.

가볍게 나부끼고 팔랑거리는 것으로
제 존재 각인시키려는 자
안전지대에 서서 어중간하게 설레발치는 자
권력에 줄 대고 언론에 아첨하는 자
영혼 없이 빈정거리는 자

근시안들 재롱은 한껏 감상해주면 된다.

---

3) 내부의 적. 겉은 초록이고 속은 빨갛다는 데에 착안하여 만들어진
용어. 처음에는 천박한 뉘앙스에 반감을 표현한 시민들이 꽤 있
었다. 비속어나 은어 취급받았으며 사용하기 꺼려지는 분위기가
있었다. 그러다가 정치인들 행태가 비속어 수준 훌쩍 넘어서게
되자 수박이라는 용어의 저속함이 상쇄되어 버렸다. 수박 대신
배신자라고 표현하기도 애매하다.

무대 위 스포트라이트 켜지면
역사歷史의 칼날 어디서 날아들지 모른다.
공포영화 단역도 바로 그 순간에 죽는다.
그동안 불안초조 들키지 말 것

감정 배제하고 상황 장악하는 것
세력으로 승부하는 것
정치.

독재는 악惡이지만 그로 인해
극한 찍고
역설 너머
차원도약4) 할 수 있다.

희망이란 절망이라는 손가락이 가리키는 달
도약의 날개는 언제나 벼랑 끝에서
한 발 내디딜 때 돋아난다.

---

4) 〈절대어 명명 사전〉 페이지에서 밝혔듯 10여 년 전 글쓴이가 명
   명한 깨달음 제1 용어. 2차원 납작한 평면적 사고에서 3차원 입
   체적 사고로 상승하는 것을 말한다. 개인을 넘어 기업도, 나라도
   모종의 전쟁을 계기로 도약하는 순간이 있다. 전환점이 있다.

그 아스라한 낭떠러지에는 이름이 있다.
부정 통과한 긍정
죽음 뚫고 나아가는 생
'나' 죽이고 '너' 살려야 내가 사는 역설

여기서 '너'는 '나'를 뺀 세계다.
적일 수도 있다.

역사의 적
문명의 적
지성의 적

인간의 적일 수 있다.
인류의 적일 수 있다.

사사로운 원한이 아니라
'서릿발 칼날 진 그 위에'5) 선 기세로 분노할 것
추락과 우화羽化의 힘으로 처단할 것

세상 끝에 서야 비로소 또 다른 세계 펼쳐진다.

_____

5) '서릿발 칼날 진 그 위에 서다' 이육사, 「절정(1940)」〈문장〉.

거인 되는 법
-신대륙으로 가자

신대륙 발견하려는 자는
기존 바다와 대륙
머릿속에서 지워야 한다.

우주로 나아가려는 자는
지구를 잠시 서랍 속에 넣어두어야 할 터

태양계는 쓰레기통에 치워버리면 어떨까?

아니라면 다락방에 두어도 좋다.
우리은하와 안드로메다는 믹서기에 넣고 갈아 버리자.
어차피 나중에는 서로 충돌[1]하여 그렇게 하나 될 것이다.

거인 된다는 것
그다지 어렵지 않다.

---

1) 우리은하(밀키웨이, Milky Way)와 안드로메다은하는 암흑 헤일로
의 중력장에 의해 충돌한 후 언젠가 하나로 합쳐지게 된다. 이때
새로 생길 거대한 은하 이름은 '밀코메다' 또는 '밀크드로메다'.

마침 영화 한 장면 떠오른다.
윌 스미스 주연 「맨 인 블랙(Man in black, 1997)」

잠시 잠깐이라도 좋으니
우주를 내 사랑하는 고양이 눈으로 생각하면 어떨까?

크리슈나[2] 입속에도 우주가 있다.
커피 위에 살짝 데운 우유 거품 붓고
우주 감상해도 좋다.

부글부글 팽창하는 우주 거품 윗입술에 묻히고
사랑하는 이 보며 웃을 수 있다.

티스푼으로 저어가며
회전하는 우주에 가속도 붙여 보는 건 어떤가?

노닥불에 바짝 마른 땔감 넣으며
우주 섭렵할 수도 있겠다.

활활 타오르며 일렁이는 불꽃 바라보노라면

---

2) 인도 많은 신 중 하나로 비슈누의 8번째 아바타.

우주 깊은 속살 만지는 기분 든다.

위대한 영웅만이 거인은 아니다.
스스로 토토로의 나무[3]처럼 단숨에 자라
우주의 기승전결 굽어볼 수 있다.
빅뱅부터 아직 오지 않은 미지 저 끝까지
한눈에 내려다볼 수 있다.

변기 물 내릴 때도
청소기 돌릴 때도
고속도로 달릴 때도
상사가 괴물로 변신했을 때도

빛의 속도로 달리는 엔트로피 열차에
천연덕스럽게 탑승하기만 하면 된다.
아인슈타인 혹은 자기가 좋아하는 거인 어깨 위에
냉큼 올라타기만 하면 된다.

---

3) 미야자키 하야오(Miyazaki Hayao) 애니메이션 《이웃집 토토로
(My Neighbor Totoro, 1988)》에 등장하는 나무. 숲속 요정 토
토로가 주인공 사츠키와 메이에게 선물로 준 씨앗. 토토로가 기
도하자 싹을 틔우고 하룻밤 사이 큰 나무가 되어 숲을 이루었던
퍽 인상적인 장면.

그렇다면 우리 마침내
신의 고독 맛볼 수 있다.

질펀질펀 제 발걸음
생의 진 자리에서 거니는 것 따위
남 일인 듯 건조하게 해찰[解察]4)할 수 있다.

그예 진리와 맞대면할 수 있다.

시계 초침 소리만이 정적을 깨는 아스라한 적막 한가운데 우리
마치 신처럼 고독한 결단 내려야 할 때 있다. 역사의 현장에 생생
하게 서 있어야 할 순간 온다. 미리 준비되어 있어야 한다. 우리
톱니바퀴, 세계와 잘 맞물려 돌아가는 순간 포착할 수 있도록.
'나'라는 부분, 전체와 포개지는 순간 낚아챌 수 있도록.

---

4) 삶은 예술. 예술은 영감. 영감은 한가롭게 세계를 뛰어놀 때 슬그
   머니 우리 옆에 자리 잡는다. 자기 뇌와 바깥 뇌(집단지성, 혹은
   우주)가 연결될 때 뒤통수 강타하며 솟아나는 것. 우리는 지나치
   게 분주하게 살고 있지 않은가? 사전 의미로는 1. 마음에 썩 내
   키지 않아, 물건을 이것저것 부질없이 집적거려 해치는 일. 2. 어
   떤 일에 주의를 기울이지 않고 딴짓이나 쓸데없는 짓을 하는 것.
   주로 아이의 행동에 대해 이르는 말.

운신의 폭 넓히기
-제2 법칙 바운더리 확장 법칙

제 작품을 졸작이라고 표현하는 것
자신을 보잘것없다고 말하는 것
자기 거처를 누추하다고 하는 것

겸손일까?
예의 혹은 관례일 수 있다

자신을 잡놈이라고 표현하는 것은 어떤가?
진심으로 저를 찌질이라고 소개하는 이도 있을까?
예의 경우는 '겸손'보다는 '바운더리 확장'일 것이다.

미리 운신의 폭 넓혀 놓는 것,
만에 하나 사고에 대처하는 여유와 포석
좋은 영화 소개할 땐 오히려 설레발치지 않는 전략
이른바 '비장의 미소'

겸손은 무엇일까?

제2장 운신의 폭 넓히기

남이 칭찬했을 때 "아이고, 아닙니다"하고
부정하면 될까?

이는 촌스럽고도 센스 없는
본능행동 반사화법

의로운 일 하고도 "당연히 해야 할 일 했다"
손사래 치면 될까?
고개 쳐들 만할 때 고요히 뒤에 물러나 있으면 될까?

겸손은,
죽음 통과하고도 살아서 한 발 내딛는 것
넘어지고 깨지고 물리고 뜯겼는데도
그 두려움 속에서 다시 심장 뛰는 것

공자 말[1]처럼
남이 나를 알아주지 않아도 화내지 않는 것
내가 남을 알아보지 못할까 걱정하는 것

---

1) 『논어(論語)』 학이(學而)편. 불환인지불기지 환부지인야不患人之不
己知, 患不知人也.

단순히 저를 낮추는 것을 겸손이라 할 수 없다.
죽을 사람 살려놓고도 생색내지 않는 것은 어렵다.
물에 빠진 사람 보따리까지 건져주려면 온 생 다 걸린다.

함부로 겸손하기 힘들다.
겸손은 천형天刑이자 특권

"내가 누군 줄 알아? 내가 으이?
하느님이랑 으이? 밥도 묵고 으이? 동기동창이고 으이?"2)

이건 겸손 부족이 아니라 인간 부족이다.
신이 그를 만들 때 돈과 알량한 권력은 넣고
인간 몇 스푼 빼먹은 거다.
'DNA'가 크고 '환경'도 열일했을 것.

운신의 폭 넓혀 놓지 않고
아무런 포석도 없이
처음부터 보수나 극우로 포지셔닝하는 자는
그러므로 막다른 길로 치닫는 도망자.

––––––––––––––––––––––––––

2) 영화 《범죄와의 전쟁: 나쁜놈들 전성시대》 최민식 대사 패러디.
   극중 인물은 최익현. 권력과 영향력 과시하는 행위로, 현실에서
   많이 볼 수 있는 장면이다. 유행어로 회자되고 있다.

제2장 운신의 폭 넓히기

젊은이는 누구나 진보다.
지금 — 극히 우려스럽게도 오른쪽으로 치우쳐서
폭력 전과 만들고 있는 아해들도

신대륙 하나 발견하거나
유럽 땅끝까지 가는 기차 개통되거나
대기권 통과하여 우주 개척 활로 열리거나
새로운 영역으로 진출할 기회 생기면
마냥 들썩들썩 가슴 설레는
프로그래시브(Progressive)3) 된다.

그렇지 못하고 지금처럼 섬에 갇혀 있는 한
골방에 앉아있는 한
외톨이로 움츠러드는 한
발해의 꿈 펼쳐 다시 대륙 되지 않는 한

전진, 즉 신보는 없다.
더 이상 갈 곳이 없다.
우주 안에 좌나 우는 없다.

---

3) '앞으로 간다(go forward)', '남들보다 앞선다.', '진보적이다.'
  '전진(前進)하다'의 뜻.

이념은 없다.
이념은 주소가 아니다.

처음엔, 젊었을 땐, 희망 있을 땐
프로그래시브하다가

늙고 힘 빠지고 죽을 때 되면
자연스레 인생 갈무리하고 보수되는 것.

미리부터 한계 그어놓고
협소한 영역 안에서 제 앞가림이나 하다간
막다른 골목에서 하릴없이 쥐구멍 찾게 된다.

앞으로 깃발 들고 최대한 바운더리 확장했다가
엔트로피 증가하면 부분적으로 보수전략 쓰는 것.
정부 갖출 무렵 부분 우클릭은
엔트로피 증가 법칙대로 가는 것.

지금처럼 경기 최악일 땐 외부로 진출하여
여태까지 없던 새로운 영역에서 성장해야 한다.
그럴 때 분배도 가능한 것

제2장 운신의 폭 넓히기

이게 보수인가, 진보인가?

외부진출했으니 진보
성장했으니 보수
분배하니 또 진보?

둘을 구분할 수 있는가?

우리는 우주 안에서
물리적으로 가능한 것만 할 수 있다.
원래 그럴 수밖에 없다.

생은 확장과 수렴,
그를 제어할 내공 쌓아가는 일
고착은 곧 죽음을 뜻한다.

성장은 오른쪽
분배는 왼쪽

이렇게 결정론적으로
원자론적 관점으로

생각하기 있기 없기?

트럼프는 사업할 땐 진보, 당은 보수당, 하는 짓은 극우, 때로 급진. 이념은 없다. 주소를 적을 수는 있지만 고정되어 있지는 않다. 우주는 정지되어 있지 않은데, 끊임없이 살아 숨 쉬는 생물인데 존재하지도 않는 이념은 어찌하여 늘 이렇게 고정되어 있는가?

단지 분배가 문제인가? 문제는 얼마나 건강하고 아름다운 공동체 꾸려나갈 것인가이다. 한 번도 가보지 않은 길, 담대하게 큰 걸음 걸을 수 있는가이다. 이념은 원자가 아니다. 속성이 아니다. 결정되어 있지 않다. 세상 모든 일은 지금, 상자 뚜껑 열 때 결정된다.

고로 교과서에는 답이 없다. 미리 단정 짓거나 걱정할 필요도 없다. 지식인은 요구하고 저항하는 포지션도 아니다. 그러라고 글자 배운 게 아니다. 공부 좀 했다면 전위에 서서 언론 역할 하라는 것이다. 자신이 모든 것 책임지는 '리더' 역할 하라는 것이다. 아니라면 '지식인' 계급장 떼라는 말이다.

여기는 전초기지

-인류를 구원하라. 우리가 최전선이다!

영화 속 천재는 대부분 이공계다.

수학, 과학 천재들이다.

수학 공식 칠판 가득 그려놓는 것으로

쉽게 천재 표현할 수 있기 때문일까?

인문학 천재는 표현하기 어렵다.

진짜배기 대사와 진짜 생

혹은 '순간'을 구현해 내야 하므로

웬만한 시나리오 작업 한계 넘어선다.

시도된 적 없다는 것이 더 정확한 표현일지 모른다.

반면 〈신 존재 증명〉의 괴델[1]은 영화로 표현하기 좋다.

---

[1] 쿠르트 괴델(Kurt Gödel, 1906년 4월 28일 ~ 1978년 1월 14일)은 불완전성의 정리로 유명한 수학자다. 오스트리아-헝가리 제국의 모라바(현 체코공화국의 브르노)에서 태어났다. 주요 업적으로 '완전성 정리'와 '불완전성 정리' 등이 있다. 프린스턴 고등과학연구소 시절 아인슈타인은 말한 바 있다. "내가 연구소에 오는 까닭은 단지 괴델과 함께 집으로 걸어가는 특권을 누리기 위해서일 뿐." 괴델은 상대성이론을 바탕으로 회전하는 우주 모형 가설

「굿 윌 헌팅(Good Will Hunting, 1997)」이나
「무한대를 본 남자(The Man Who Knew Infinity, 2016)」
같은 영화 소재로 적격이다.

우리 이육사[2] 시인과 같은 멋쟁이인데다
독특하고 비관적인 캐릭터까지
요컨대 드라마틱하다.

게다가 아인슈타인을 조연으로 쓸 수 있다.
「무한대를 본 남자」에서 라마누잔도
수학자이자 철학자 버트런트 러셀을

을 세웠다. 시간과 공간이 크게 휘어지는 그의 우주 모형에서는 시간여행이 가능하다. 수학자이면서 귀신을 두려워했고 세상이 저를 박해한다는 망상에 사로잡혀 결국 아사했다.

2) 이육사(李陸史, 1904-1944)는 대일항쟁기 독립운동가이자 시인. 본명은 이원록(李源祿) 또는 이원삼(李源三). 한때 이활(李活)이라는 필명으로 활동한 적도 있으며 후에 수감 번호였던 264를 따서 이육사로 개명했다. 윤동주, 한용운과 더불어 대일항쟁기 대표적인 저항 시인이라 할 수 있다. 퇴계 이황 14대손이다. 20대 초반부터 각종 독립운동으로 감옥살이를 했고, 만주까지 건너가서 독립투쟁했으며 조선 독립군이 사용할 무기 반입 계획에 참여하기도 했다. 39년 짧은 생 동안 옥살이만 17번 했다. 대일항쟁기 문인 중 가장 적극적으로 독립운동을 한 인물. 나비넥타이와 아이보리 양복 즐겨 입는 멋쟁이였다. 무엇보다 그 멋은 전율의 시 정신에서 비롯된 것. 그저 저항시인이라고 말하기엔 너무나 초인적인 삶을 살았다.

카메오로 출연시킨 바 있다.

제3정리 : $E(x) \Leftrightarrow \forall \varphi [\varphi \text{ ess } x \rightarrow \Box \exists x \varphi(x)]$
제4정리 : $\Box \exists x G(x)$

괴델의 이 정리는 칠판 하나로 모자란다.
칠판 여러 개에 한가득 그려 넣고 폼잡을 수 있다.
힘들이지 않고 천재 창조할 수 있다.
여기서 G는 신성 Godlike다.

제3정리 : 특정 대상의 본질이 존재할 때
'본질 만족하는 x가 필연적으로 존재함'을 E(x)라고 표기하자.
제4정리 : 필연적으로 G를 만족하는 x는 존재한다.

결국 신은 필연적으로 존재한다는 결론 도출된다.

이 공식이 딱히 의미 있는 것은 아니다.
G(Godlike) 개념을 만족하는
Positive라는 성질을 Negative로 바꾸고
신의 G를 유령 G(Ghostlike)로 바꿔도
논리 성립하기 때문이다.
그렇게 되면 신만 존재하는 것이 아니라

자기가 원하는 것은 다 존재하게 된다.
도깨비방망이와 같다.
온갖 악의 화신 등장시킬 수 있다.
유령, 괴물, 좀비, 드라큘라

저기서 신은 진정한 의미에서의 신이라기보다
괴델의 공리와 정의 안에 사는 신일 터
신은 괴델만의 그것이 아니다.
할리우드 태생도 아니다.

〈신 존재 증명〉에서 건질 건 하나 있다.
"수학은 논리다. 과학은 철학이다"

기원전 6세기 이오니아의 철학자들,
즉 탈레스나 데모크리토스들을 우리는
때로 철학자로 때로 과학자로 불러왔다.
칼 세이건3)은 그들이 과학자에 가깝다고 말했지만
엄밀히 "과학은 철학을 수렴한다. 혹은

---

3) 미국 천문학자이자 과학저술가. 과학 서적을 30권 이상 저술했으며 『코스모스』 저자로 유명하다. 『에덴의 용』 같은 저서에서는 인류학이나 생물학을 다루기도 했다. 20세기 후반에 천문학 붐을 일으켰다.

제2장 여기는 전초기지

수렴해가고 있다."라고 말할 수 있겠다.

"바람은 신의 숨소리다"라는 정의를
믿어 의심치 않았던 당시 사람들에게
공기의 입자성을 실험으로써 증명한
엠페도클레스는 분명 과학자에 가깝다.

지구, 달, 태양 위치에 따라 변하는
달의 위상과 월식 현상을 최초로 완전하게 이해한
아낙사고라스도 과학자라 할 수 있다.

그들 모두에게 자연 철학자라는 이름 붙어 있다.
과거 무수한 철학자들이 진리 탐구했다.
진리 입구 찾아 헤맸다.

누군가는 진리가 필연적으로 존재한다고 했고
누군가는 진리란 있을 수 없고
있어도 알 수 없다고 했다.
대개 허무한 논쟁이다.

이것은 철학이 아니라

철학을 해야 할까 말아야 할까,
철학 밖에서 뜬구름 잡는 것.

진리가 있거나 없거나
같은 말이라는 것을 그들은 간과하고 있다.
혹은 정치와 종교에 이용하고 있다.

색즉시공 공즉시색
진리는 있거나 없거나 같다.
존재는 있거나 없거나 같다.

구원도 마찬가지.
있으면 어떻게 할 건데?
라는 문제가 바로 뒤따라온다.

"있으면 진리에 온 생 바칠 수 있나?
아니면 돈 싸 들고 가서 천국행 티켓 끊으시려고?"

땅속에만 사는 벌레에게 태양은 존재하지 않는다.
저기 달이 있어도 우리가 쳐다보지 않으면
달은 없는 것이나 같다.

제2장 여기는 전초기지

자신이 자신을 구원하는 것이
진정한 의미에서의 구원.

존재는 너와 나 사이에서
아기처럼 거룩하게 태어나고
진리는 네가 '지금 여기'
살아 숨 쉴 때만 섬광처럼 번득인다.

아니다. 다시 말해야겠다.

진리란 오로지 태도 문제다.
지금 당장 진리가 눈앞에 보인다면
당신은 어떻게 할 것인가?

거기에 서슴없이 올라탈 수 있는가?
스스로 진리로서 우뚝 설 수 있는가?
우주 도도한 흐름에 몸 맡길 수 있는가?
그대가 만약 신이라면 어떻게 할 것인가?

지금 우리가 할 수 있는 일은
여기에 답하는 것뿐.

큰 걸음 걸으며 묵묵히 그를 실현하는 것
세계의 고난에, 구원 요청에 응답하는 것

앞서서 나가니 산 자여 따르라[4]
선구자 정신으로 전위에 서는 것.

인간으로서 누구나 그렇게
천하를 가슴에 품을 수 있다.
우리 구호는 이것이다.

"인류를 구원하라. 우리가 최전선이다!"

신과 자유의지, 우주에 대한 장광설은 때로 우리 내장 짜릿하게 훑어내려 준다. 독주라도 마신 것처럼 가슴 울렁거리게 한다. 우주 저 먼 곳으로 정신 아스라하게 내던져준다.

---

4) 〈임을 위한 행진곡〉 가사. 재야운동가 백기완이 쓴 시 '묏비나리' 일부를 바탕으로 소설가 황석영이 작사했고 전남대학교 학생 김 종률이 작곡했다. 박기순과 윤상원의 영혼결혼식을 위해 만든 곡. 박기순은 들불야학을 설립한 인물이고 그의 연인이었던 윤상원은 1980년 5.18 광주 민주화 운동 당시 시민군 대변인으로 활동했 다. 민주화를 상징하는 민중가요.

신의 관점으로 세계를 보는 자
-제4 법칙 관점 법칙

만일 북한이 난데없이 우리 대통령 향해
턱없는 비난 쏟아낸다면
자기네 군부 의식한 것이다.

비리 들킨 위정자가
도리어 적반하장으로 나오는 것은
제 지지자 의식하는 것이다.

남자친구나 여자친구가 평소와 달리
권위적으로 행동하며 이상하게 군다면
오늘 데리고 온 제 친구 의식하는 것이다.

친구에게 제 위치와
그에 따른 권력 보여주는 것이다.
자기 체면과 입장에 골몰하는 것이다.

누구에게나 입장이 있다.
무대 위 배우처럼 제가 바라보는 관객이 있다.

관객만 배우를 보는 것 같지만
배우도 실상 제 앞 관객을 본다.
누구나 그런 식으로 각자 연극을 한다.

상황에 맞지 않게 오버하는 이들 대부분은
그 순간 유난히 관객 의식하는 것이다.

군부 앞에서, 지지자 앞에서, 친구 앞에서
남의 시선 앞에서 제 생 저당 잡히는 배우

말하건대 지지자 제어하지 못하는 리더는 리더가 아니다.

우상화는 리더를 죽이는 짓
지지자가 저를 죽이도록 허용하고도
그를 모른다는 건 이미 죽은 자라는 것
타인 시선에 갇힌 수인이라는 것
괴뢰라는 것.

눈앞 관객만이 아니라
인류 전체의 시선 의식할 수 있어야 진짜 배우다.
신의 관점으로 세계 볼 수 있어야 예술가다.

제2장 신의 관점으로 세계를 보는 자

긴 안목으로 장기전 해야 리더다.

사익이 아니라 공익에 복무하고
눈앞이 아니라 멀리 후대까지 내다보아야
소인이 아니라 군자라야 이 시대의 리더.

대기 중에 우뚝 머문 황조롱이 관점
날개 활짝 펼치고 수식상승하는 장수풍뎅이 관점
지금 내 앞에 앉아있는 친구 정수리가 보이는 관점
그 높은 곳에서 우리 나아갈 길 내려다보아야 한다.

그곳이 바로 기승전결 한눈에 보이는
전율의 일ㅡ 점.

위정자만이 리더가 아니다.
그대가 리더다.

훌쩍 날아올라 사각지대 제거할 것. 사각지대가 무덤 자리다.

삽질과 중력, 그 불가분의 관계
-제5 법칙 역설 법칙

한 분야 정상에 서는 것
집단을 대표하는 것
가장家長 되는 것
우주 법칙대로 순리에 사는 것
삶이라는 영화의 주인공 되는 것

이는 일맥상통한다.
말하자면 일가一家 이루는 것이다.
진화하는 것이다.

세상 엑스트라에서 주인공으로
일대 도약 이루는 것

그것은 거대한 발상의 전환
변방에서 일어나 중심을 치는 혁명

'나'를 혁명하는 것과 세상 바꾸는 일은

서로 다르지 않다.

반면 작금 대한민국에서 기자 되는 것
검사나 검찰청장[1] 되는 것
법관 되는 것
관료 되는 것은
그에 상관없어 보인다.

일가 이루었다면
정상에서 서늘하게 전모 보아야 하는데
책임감 가져야 하는데
저를 죽이고 온 우주 살려야 하는데

맨 아래쪽에서 땅굴이나 파고 있다.
제 무덤 파고 있다.
지구 중심까지 갈 기세다.

그런 이에게는 시간 느리게 간다.
중력에 붙들려 꼼짝 못 하게 된다.

---

1) 검찰총장인가? 중수청장인가? 암튼.

자체 에너지 없으므로
저보다 큰 천체에 붙들려
세속권력이라는 초질량체에 구속되어
옴짝달싹 못하고 놀아나게 된다.

그 팔랑개비 같은 생에
무게중심 없이 휘둘리는 나부랭이에
삼가 조의를 표한다.

세상에는 죽어도 사는 이 있는가 하면
살아도 죽은 이 있다.

죽어서 세상 구하는 이 있고
살아서 세상 죽이는 자 있다.

나는 너의 다른 버전
너는 나의 잠재된 가능성[2]

남 죽인다는 것은 결국 저 죽이는 것

---

2) 「나는 너의 다른 버전, 너는 나의 잠재된 가능성」 깨달음을 한마
디로 표현한 문장. SNS에 포스팅하며 수시로 쓰던 글쓴이 대표
문장.

제2장 삽질과 중력, 그 불가분의 관계

자해와 같다.
햄스터의 그것과 같다.
햄스터든 다른 그 어떤 짐승이든
짐승은 개체 수 늘어나 제 영역 좁아지거나
적 침범하여 위기에 처하면

스트레스에 못 이겨
막다른 골목에서 자식 잡아먹는다.
가족 괴롭히는 방법으로 자기를 죽이거나
저를 해하는 방식으로 주변 죽이거나
할 수 있는 것이 그것밖에 없기 때문이다.
우리 종종 그 장면 본다.

희망이란 절망이라는 벼랑에서 피어나는 꽃
꽃이 피는 곳은 우주 중심.
우리는 매 순간 무게중심[3]이라는 영화
크랭크인(Crank in)[4]하면 된다.

분노하되 애초의 뜻 잊지 않고

---

3) 제1 법칙 내력 법칙의 내력. 무게중심은 내력 그 자체.
4) 영화 촬영 시작한다는 뜻.

사랑하되 철저하게 사랑해줘야 한다.
적에게 사랑 실현하는 방법은
적들을 갈아 고루 흩뿌려주는 것
먼지가 되어 우주로 날아가도록
다시 뜨겁게 별로 태어나도록

세심하게 쓰다듬어주는 것
매만져주는 것이다.

여기서 적이란 인류의 적이다.
시간 방향 우주 방향, 그 반대편으로 몰려가는
엔트로피 증가 법칙의 적이다.

과학의 적이고
철학의 적이다.
인간의 적이다.
당신의 적이고 나의 적이다.

적들을 포용하라.
사랑해 마지않는 주검들에게
선선한 생명의 기쁨 선사하라!

제2장 삽질과 중력, 그 불가분의 관계

자존감 네트워킹
-제2 법칙 바운더리 확장 법칙

단지 피가 뜨거운 사람이 있는 것이다.
아니, 피 끓는 '순간'이 있는 것이다.

여자나 남자가
좌파나 우파가
청년이나 노인이 따로 있는 것이 아니라

피 끓는 순간과
피 식어 얼어붙는 순간이 있는 것이다.

본능 극복하고 있는 순간과
어쩔 수 없이 매몰된 순간 있는 것이다.

모든 '첫 순간'이,
피 끓어오르는 비등점이
우리가 지향해야 할 바로 그 지점

그 순간을 얼마나 잘 유지하느냐,

회복하느냐

거기에 우리 '나이'가 있다.
내공이 있다.
자존감이 있다.

나이와 내공과 자존감은
서로 긴밀한 관계

나이는 '세월'과는 좀 다른 뉘앙스 지녔다.
'지구 공전'과 정확하게 포개지지 않는다.
경험이나 연륜과 비례하지 않는다.

엔트로피 증가하면 하드웨어[1] 허물어지지만
엔트로피 증가 법칙에 예외는 없지만
나이란 하드웨어에 직접 영향 주지만

소프트웨어[2] 성격 더 강할 수 있다.
이를테면 'DNA' 혹은 '환경'이

---

1) 컴퓨터 기계 장치의 총칭. 반대말은 소프트웨어.
2) 컴퓨터 시스템 작동과 관련된 프로그램, 프로그램과 그 작동 방
   법, 절차와 관련된 지식의 총체를 가리키는 용어.

다소간 그를 상쇄시킨다.

환경은 제2의 DNA다.
사방 막힌 곳, 내륙에 살던 이도
드넓은 초원에 데려다 놓으면 먼 곳까지 볼 수 있게 된다.
야만인도 문명의 옷 입혀놓으면
현대인의 사고 할 수밖에 없다.

환경 바꾸면 혹은 업그레이드하면
단번에 발상의 전환 이룩하는 것
물리적인 덮어쓰기 가능한 것.
피가 바뀌는 것

그 피가 제 밖 외부와 헌걸차게 만날 때
바깥 뇌와 철커덕 연결될 때
강력한 자존감으로 발현될 수 있다.

자존감은 '너'와 '나'의 뜨거운 순간이
혈관처럼 이어져 하나 될 때 나오는 것
내 톱니바퀴 우주와 맞물려 잘 돌아가는 것
내면 한가득 차올라 뿌듯한 것 떳떳한 것

네크워킹이다.

바로 세계와 '나'의 만남
바깥 뇌3)와의 링크

눈 뜨면 딱히 할 일 없을 때
가슴 뛰는 미션 없을 때
의기투합 기세 좋게 밀어붙일 '일' 없을 때
머리 맞대고 역적모의4) 할 일 도통 없을 때

무대에 서기 전
"멋지게 해내자. 파이팅!" 외칠 일 없을 때

친구 없을 때
동지 없을 때
역할 없을 때
연결 끊어졌을 때

---

3) 집단지성이 내 바깥의 뇌다. '나'와 연결될 수 있다. 나아가 세상
   이 굴러가는 이치와 우주 작동하는 방식이 바깥 뇌다. '나' 하나
   의 작은 뇌가 바운더리 넓혀 외부진출하면 저절로 링크된다.
4) 일 꾸민다는 뜻. 수작, 꿍꿍이를 뜻하는 옛날식 농담. 어릴 때는
   학교에서, 놀이터에서 친구들끼리 옹기종기 모여 머리 맞대고 있
   으면 '역적모의 한다.'는 농담을 했다.

고장 난 라디오처럼 고물 되는 것.

방송국 전파 전달받지 못하는 라디오는
라디오가 아니다.

자존감은 세계와 연결되었을 때
자연스럽게 흘러넘친다.

연결 끊어진 개인에게 자존감 가지라고 조언하는 것은
무인도에 홀로 표류한 생존자에게
세계 경영하는 마인드 가져라,
말하는 것과 같다.

물리적으로 한계 있다.
반면 혈연, 지연, 학연으로 저를 운용하는 이는
친족, 고향, 선후배와 연결되었다는 알량한 이유 하나만으로
좀 변변찮아도 밥 굶을 일 없는 게 세상 사정.

구엘리트의 자존감이 혈연지연학연 등
'이미 네트워킹된 배경'에서 나온다면
신엘리트의 그것은 '동료 의식'에서 나온다.

매 순간 펄펄 살아 있어야 네트워킹 가능.

인간과 비인간
지성과 반지성
문명과 야만
진리와 기득권

자존감은 이미 그럴듯하게 세팅된 배경이 아니라
매 순간 숨 쉬듯 다시 네트워킹되는
인간과 문명과 지성과 진리에서 나온다.

고착된 '배경'은 가짜
공짜로 얻은 기득권이란 무미, 무취, 무매력

가진 것이라곤 동지애밖에 없는
목숨밖에 없는
그래서 더욱 강렬한
시민의 그것이 진짜다.

바운더리 넓히는 것
같은 목표 가지는 것

제2장 자존감 네트워킹

동료 만드는 것이 곧 자존감이다.

우리가 사막 건너며 얻는 게 있다면
특별한 자부심
그리고 동료

그것뿐이다.
그게 다다.
그것이 우주가 우리에게 줄 수 있는 가치다.

결국 남는 건 사람이다.
이 우주에 그 외에 무엇이 더 있단 말인가!

첫 입학의 그 순간이 우리가 매 순간 재현해야 할 설렘. 설렘은
병법이다. 설렘 유지하거나 회복할 수 있다면, 유효기간을 '순간'
으로 설정할 수 있다면 그 탄력성으로 바운더리 단번에 확장할
수 있다. 자존감은 바운더리에 비례한다. 제 영혼의 영토 넓히는
일은 실로 우아한 일이다. 지금 여기에서 '저 너머'를 구축할 수
있다면 시련과 역경 또한 우리 날개에 붙여지는 또 하나의 이름이
될 뿐이다.

긴장 푸는 순간 멍게 미더덕
-멍게와 인간, 꼭 닮은 유전자 지도

원숭이는 인간과 유전자 98% 일치한다.

쥐는 90%

초파리[1]는 75%

저들과 인간은 크게 다르지 않다.

초파리는 인간과 유전자 매우 비슷한 데다

한살이가 2주 정도로 짧아

유전학과 생명공학 연구 단골 실험동물이다.

멍게도 게놈지도[2] 초파리에 못지않은지

---

1) 1947년 2차 세계대전 종전 직후 미국이 했던 V2 로켓 발사 실험
   에 노랑초파리(Fruit fly)가 포함되어 있었다. 실험 목적은 고고도
   에서 방사선 피폭 영향 조사를 하는 것이었는데 초파리는 돌연변
   이 없이 무사귀환했다. 수직으로 발사된 V2 로켓은 109km 고도
   까지 도달했다가 내려왔다. 우주여행은 100km가 기준이다. 이로
   써 인류가 처음 우주로 보낸 동물은 초파리가 되었다. 스푸트니
   크 2호의 개(라이카)가 아니라.
2) 게놈(Genome)이란 생명이 가진 유전 정보 전체, 즉 DNA에 기
   록된 유전자의 집합체를 말한다. 흔히 생물의 설계도라고 말한다.
   멍게의 유전자는 1억 5000만 개의 DNA 염기쌍으로 이루어져

과학자들은 멍게를 인간의 먼 조상이라고 부른다.

유생 시절엔 제법 똑똑하게 유영하고 다녔는데
다 자라서는 한 자리에 붙박여
자기 뇌마저도 먹고
소화 시켜버리는 멍게

말하건대,
인간과 비인간
지성과 반지성
문명과 야만
시민과 왕정의 싸움은 끝나지 않는다.

또한 야만은 내 밖에만 있지 않다.

내 안의 야만
내 안의 괴물
내 안의 죽음
내 안 구태의연과도
끊임없이 싸워야 한다.

있다. 사람의 2분의 1 이하 수준이다.

그게 살아있음,
생이다.

저 문명의 벌레,
차마 눈 뜨고 보기 힘든 야만도
야만 보존의 법칙에 의해
일정 퍼센트 늘 새록새록 피어난다.

우리도 긴장 풀고 소파에 널브러져 있다간
멍게, 미더덕 될 수 있다.

정년 보장받은 교수
공무원 시험 합격한 공무원
서울대 합격한 대학생
사법 시험 패스한 뒤 세상과 더 철저하게 유리된 채
사람을 개돼지로 보는 검판사

모든 젖과 꿀 약속해 주는 면허는
인간을 돼지로 만들 수 있다.
독재 꿈꾸는 멍게 미더덕으로 변태 시킬 수 있다
흉악한 천국 보여주는

제2장 긴장 푸는 순간 멍게 미더덕

신흥종교 사이비로 전락시킬 수 있다.
세상 온통 동물농장 될 수 있다.

그러니 전사들이여
멍게 미더덕은 보이는 족족 처단하기를.
초장 바르기를.

자기 뇌와 근육, 신경계까지도 먹는 놈이라 그런지
1~2개 정도는 막 먹어도
소화 아주 잘 된다고 한다.

마지막으로 당부한다.
붙박인 자리 박차고 탈출하라.
멍게여!

그대 살아있다는 증거가 탈출이다. 미션은 전진이다.

타인은 지옥?

타인은 지옥[1]
금 밖의 너는 적.

우주에서 일어나는 모든 일은
만남 혹은 부딪힘에서 비롯된다.

그 접점에서 전쟁 일어나느냐
새로운 우주 탄생하느냐에 따라
문명과 야만 갈린다.

부족민은 타 부족을 죽이고
문명인은 세계를 하나로 연결한다.

---

1) 장 폴 사르트르(Jean-Paul Sartre)의 희곡 『닫힌 방(*Huis Clos*)』
에서 가르생(Garcin) 대사. '나'는 주체이고자 하지만 타인은 그
자신이 판단 주체가 되어 '나'를 객체화시키기에 거기에서 모순이
발생할 수밖에 없다는 것. 자신을 타인의 시선으로 보게 된다는
것. 이에 말한다. 타인의 '나'에 대한 판단은 그 자신의 인생.
'나'에게는 중요하지 않다. 휘둘리면 가스라이팅, 자신이 무게중
심 잡고 있으면 누구든 자기 사람. 모든 타자는 자신에게 피드백
줄 수 있는 후원자이자 식객이다. 다만 제가 리더라면, 자기 자신
에게서 한 걸음 물러설 수 있다면.

야만의 만남은 전쟁이고
문명의 부딪힘은 신문물[2] 탄생이다.

전자는 총과 칼로 서로를 죽이고
후자는 메타버스(Metaverse)[3]에서 수시로 만난다.
우리 사랑타령도 너와 나의 경계에서 일어나는 우주적 사건

문 닫아걸고 만나지 않는 것은
화학작용 일어나지 않는 것은 그러므로

애초 격발되지 않은 우주
수포로 돌아간 계획
하지도 않았는데 깨져버린 맹세

"저기 달을 보지 않으면, 달은 존재하지 않는 것과 같다."[4]

---

2) 화약, 총, 전투기, 인터넷, 스마트폰, AI 등 시대의 분기점을 이루
   었던 문물. 총과 전투기 즉, 신문물이 있기에 전쟁 일어난다. 그
   렇다고 신문물 거부하고 시대를 거꾸로 되돌릴 수는 없다. 퇴행
   할 수도 없다. 엔트로피 증가법칙은 냉엄한 것.
3) 초월을 뜻하는 메타(*Meta*)와 세계, 우주를 의미하는 유니버스
   (Universe)를 합성한 신조어. 가상 우주라고 번역하기도 한다. 메
   타버스라는 개념의 뚜렷한 정의는 아직까지 확립되지 않았으나
   일반적으로 '가상 자아인 아바타를 통해 사회적 경제적 활동 할
   수 있는 4차원 가상 시공간' 정도의 의미 가진다.

죽음 혹은 멸망을 불사하는
우주 팽팽하게 살아있도록 하는 짜릿한 도발.
그것이 우주가 작동하는 방식5)

그대, 세계와 손잡고 있는가?
나는 너를 통해 신을 만나고
너는 나와 연결되어 단번에 우주로 진입한다.

너와 나의 구분이 야만이고
너와 나의 연결이 문명이다.

지금 벌건 21세기에도 야만이 존재한다. 문명의 반대편이 아니라 한 차원 아래 반동6)으로써 기능한다. 단지 적을 죽이면 야만, 역설의 발판으로 삼으면 문명.

---

4) 양자역학을 끝내 인정할 수 없었던 아인슈타인은 코펜하겐 해석의 닐스 보어(Niels Bohr)와 논쟁을 벌였는데 그때 한 말이 유명하다. "우리가 달을 보지 않으면 달은 존재하지 않는 것인가?" 이 말에 글쓴이가 답한 것. "응, 없는 거야."

5) 우주가 작동하는 방식은 한 마디로 상호작용. 우주 모든 것은 연결되어 있으며 그를 자각하는 순간, 즉 '내'가 세계와 손잡는 순간 빅뱅 일어난다. 전진하여 나아가는 순간 도약 일어난다.

6) 현 체제를 부정하고 과거의 질서로 회귀하려는 정치적 행동. 구체제로 돌아가려는 적극적 움직임.

제2장 타인은 지옥?

이분법의 함정

–문명과 야만은 이분법이 아니다.

문명 적대시하는 방법으로

함부로 야만으로 퇴행하는 경우가 있다.

숲 지킴이 운동이나 파리협정(Paris Agreement)[1]

RE100[2] 등은 시대 과제지만

일부 히피(Hippie)[3]들이 주장하는

밑도 끝도 없는 '자연으로의 귀의'는

엄밀히 말해 엔트로피 증가 법칙에 위배된다.

---

1) 2015년 11월 30일부터 12월 11일까지 프랑스 파리에서 열린 제
   21차 유엔기후변화협약 당사국총회에서 195개국이 12월 12일
   채택한 협정이다.
2) RE100(Renewable Electricity 100)은 비영리 단체 클라이밋 그
   룹(Climate Group)이 2014년 출범한 자율적 동참 캠페인. 기업
   이 사용하는 모든 전력을 2050년까지 전량 재생에너지 전력으로
   구매하거나 자가 생산으로 조달하자는 것. 여기 참가하는 기업을
   대중에게 공개하여 기업이미지를 개선하고 해당 기업 물건을 구
   매하도록 유도하는 것.
3) 1960~1970년대 미국에서 시작된 반문화 운동의 일부로 전통적
   인 사회 규범에 저항하여 자유와 평화와 사랑을 노래했다. 나름
   혁명가들. 그들의 총칭. 요즘도 그들 후예(?)가 있다.

순리에 어긋난다.

문명과 야만은 이분법이 아니다.
납작한 '야만'에서 뒤돌아 반대편으로 달린다고 하여
문명 되지 않는다.

야만에서 문명으로의 전환은 단지 전진이 아니다.
질주도 아니고 환승도 아니다.

도약이다.
시대를 도약하는 것

한 번 점프하면 다시 내려올 수 없다.
진화 그래프와 같다.
계단식이다.
비가역적이다.
엔트로피 증가 법칙이다.

엔트로피 증가 법칙은
끝 보이지만 갈 수밖에 없는 길
죽음 향한 힘찬 행진.

제2장 이분법의 함정

최대한 외부로, 새로운 영역으로 진출하되
조로증 경계하는 게 최선일 뿐이다.
그럴 때 잠시 엔트로피 감소한다.
효율성 증가한다.
담대하게 외부진출하고 오늘도 전진해야 하는 이유다.

비상계엄 있었을 때
군인들이 부당한 명령에 따르지 않았다는 것
장갑차로 시민 밀어버리지 않았다는 것
위법한 상황에서 능동적으로 고민했다는 것
과거 광주 민주화 운동 때의 야만
재현하지 않았다는 것이 문명의 반증
문명은 시민의 존재와 비례한다.

시민이 목숨 걸고 나라 지키는가
자기 주권 주체적으로 행사하는가
제가 주인공임을 각성했는가

거기에 'Yes'라고 답할 수 있다면 문명이다.
섬나라, 독재국가, 아직도 왕이 있는 나라에는 없는 것.
우리에게는 시민이 있다.

시민이 민주제의 꽃
시민이 주인공이다.
주인공 있으므로 드라마는 이어진다.
기. 승. 전. 결.
끝까지 간다.

로맨스는 외로움으로 시작해 전쟁으로 전개되며
떠들썩한 고독으로, 판타지로 끝맺는다.

전쟁영화는 평온한 일상에의 대비 반드시 있게 마련이다.
성장물은 불행한 사태 발판 삼는 것
모든 영화는 성장물이다.
해피엔딩일수록 시련과 역경 점철된다.

우리 드라마도 이제 겨우 시작이다.
끝까지 보자.
그렇게 역설 목도하자.

국난극복 DNA가 한류 DNA로 이어지다. 알고 보면 우리는 드라마 주인공이다. 민주제라는 드라마!

제2장 이분법의 함정

딱 하루씩만 살기
-제1 법칙 내력 법칙과 제2 법칙 바운더리 확장 법칙

지성이란 스트레스 제어하는 힘이다.

통찰 아닌 감정과 스트레스에 지배될 때
엄습해 오는 세상 크기가 '나'보다 클 때
내력 그만큼 약해졌을 때
외력 벅찰 때

인간은 고통에 직면한다.
자기 안에 움츠러들고 함몰된다.
우뚝 서지 못하고 납작하게 된다.
때로 인간성 상실한다.
울며불며 세상에 소리치게 된다.

그나마 소리라도 칠 수 있다면 다행
'나'라는 무인도에서의 외침은
메아리로 돌아올 뿐 밖으로 울려 퍼지지 않는다.

외력과 내력,

그 팽팽한 대치는 곧 종결 맞는다.

가까스로 지탱하던 현 툭 끊어지고 만다.

우리는 어떻게 거대한 외력에 맞서야 하는가?

스트레스와 각종 염려증, 우울증 벗어나려면

'나'에서 좀 멀리 떨어지는 게 좋다.

크게 확장하면 더욱 좋다.

단번에 스케일 키워 우주 들여다보고 넘나들다 보면

내 작은 문제는 문제도 아니게 된다.

세상 모든 것 연결되어 있다는[1]

정해진 것은 아직 아무것도 없다는[2]

텅 빈 곳에서도 꿈틀꿈틀 세계가 일어난다는[3]

---

1) 양자 얽힘. 한 번 얽혀 있었던 양자는 서로 먼 거리에 떨어져 있
   어도 즉각적으로 영향 미친다는 물리적 현상.
2) 슈뢰딩거의 고양이. 상자 안 고양이가 죽었는지 살았는지는 상자
   뚜껑 열 때 결정된다. 결과는 미리 정해져 있지 않다.
3) 양자 요동. 아무것도 없는 진공에서 양자가 생성되었다가 그와 동
   시에 소멸하는 물리 현상. 소멸하기 전까지는 엄밀히 말해 무에
   서 유가 창조된 것이다. 출현하자마자 바로 소멸하므로 엔트로피
   증가 법칙에 영향 미치지는 않는다.

제2장 딱 하루씩만 살기

밑바닥에서도 단번에 도약할 수 있다는4)
양자역학 세계로 입성하면

우리도 양자처럼
낯선 타인과도 서로 손잡고 가족 될 수 있다.
'함께 꾸는 꿈'에 접속해 인류 단위로 호흡하며
'미지'를 든든한 후원자로 둘 수 있다.

중첩되어 있는 죽은 '나'와 산 '나'5)중에서
산 '나' 홀연히 일으켜 세울 수 있다.
마침내 광야에서 초인 불러낼 수 있다.
스스로 천하가 되어 날개 달고 훨훨 날아오를 수 있다.

상대가 있는 인생 전장에서도
'나'와는 다른 상대 입장
넉넉하게 수용할 수 있다.
이해할 수 있다.

---

4) 양자 도약. 양자가 비약적으로 다른 에너지 상태로 도약하는 것.
5) 양자 중첩. 슈뢰딩거의 고양이처럼 우리도 죽은 '나'와 산 '나'가
   중첩되어 있다. 내가 죽었는지 살았는지는 뚜껑 열 때 결정된다.
   삶은 '지금 이 순간'부터다.

간파할 수 있다.

멧돼지가 고구마밭 다 망쳐놓아도
박물관에 뛰어 들어가 문화유산 박살 내도
당장 빚에 짓눌려 생존 위태로워도
골치 아픈 문제 끊임없이 목을 졸라도
엔트로피 열차 멈추지 않는다는 사실에
씩 미소 지으며 안도할 수 있다.

'나'만 훼손되고 나가떨어지는 게 아니라
'나'를 괴롭히는 문제도 같이 낡고 늙고 죽는다는 사실.
'문제'도 언젠가 산산이 부서져 먼지 된다.

이 얼마나 찬란한가.
'나'보다 '문제'가 먼저 붕괴된다는 사실.

보다 커진 '나'는 잡다한 염려에 무심하게 된다.
'문제'는 오로지 '어떻게 살 것인가?'
하나로 압축된다.

그 장면 매 순간 슬로비디오로 돌려볼 수 있다.

제2장 딱 하루씩만 살기

우리 뇌는 기억하고 재현할 것이다.

우리를 압박하던 거대한 '문제'
위압적으로 번쩍이는가 싶더니
어느덧 껍질 벗겨져 산산이 부서지는 장면

낡고 해지고 가루 되고 먼지 되는 눈부신 순간을.

사람 하나 살리는 것
그게 우주 살리는 일
결국 '나' 살리는 일이다.

살고 싶다면 남 살려야 한다.
남 살리다 내가 죽어야 한다.
그래야 나도 살 수 있다.

가장의 전율, 리더의 묵직한 살신성인 정신으로 무장하면
그나마 한 세상 늪처럼 질퍽질퍽
진 자리 고독하게 버텨나갈 수 있다.

마른자리만 골라 디디는 자에겐

해당되지 않는 이야기.
진 자리에서 피는 웃음꽃이 진짜.
전장 한가운데 잠시 누워
하늘 한 번 보는 것만으로도
우리 뇌는 도파민 축제장 될 수 있다.
그게 진짜다.

천국에 오히려 천국이 없다.
지옥에 지옥이 있는 것도 아니다.

어린아이에게 이런 고도의 멘탈리티 요구한다면
그는 살인에 맞먹는 것
범죄와 무엇이 다를까.

자존감 성숙하기 전 아이가
험난한 세상과 정면으로 맞부딪히는 것은
포장되지 않은 두부를 과녁 향해 던지는 것

어른이 문제다.
부모가 아이 던지고
사회가 과녁 되어 받는다면 문제다.

제2장 딱 하루씩만 살기

과녁은 푹신하지 않다.
바깥세상은 혹한이다.

바람 부는 벌판에 아이 버리면
엔트로피 지나치게 빨리 올라간다.

엔트로피란 모든 것 다 낡아지고 부서져
결국 가루가 된다는 진리.

너무 일찍 아이를 세상에 던지지 말아야 한다.
자존감 무르익기 전에
지성 탄탄하게 키워주기 전에
엔터테인먼트 정글로 밀어 넣지 말아야 한다.

알고 보면 존재하는 건 '순간' 뿐이다.
오늘뿐이다.

'문제'보다 먼저 스러지지 말아야 한다.
딱 하루만 더 살아야 한다.
하루씩만 살아야 한다.
하루 단위로 살아야 한다.

제 3 장
날마다 죽음 뚫고 나아가는 낭만

가슴에 품은 사람 하나

-도원결의

군사적 요지 형주를 지키던 관우가 죽자
장비는 상심하여 그 원흉인
오나라에의 침입 준비한다.

넘치던 혈기는 어이없게도
부하 범강 장달에게 목 베이는 것으로
막 내리고 만다.

유비 역시 제갈량 만류에도 기어이
오나라를 공격 대패한 뒤 병들어 죽는다.

우리는 생각할 수 있다.
그들 울분과 죽음은 의형제 애도하는 절차,
일종의 의식

말하자면 도원결의[1]에의 발로였다.

---

1) 중국 후한 말 황건적의 난을 진압하기 위해 각지에서 영웅들이
   할거한 시절, 각자 뜻을 품은 유비, 관우, 장비가 만나 복숭아나

한날한시에 태어나지는 않았지만
한날한시에 죽을 것 믿는 친구
뜻 같이하는 동지
존재한다는 그 자체로 의미 다 하는 존재.

생각해 보자.
나 없인 살 수 없을 사람
하나쯤 있는가?

가족일 수도 있고
피로 맺은 형제일 수도 있다.

함께 죽지는 않겠지만
하나가 죽으면
내가 죽는다면
그 육체와 정신 반쯤 무너져 내릴 사람

무밭에서 의형제 맺었다는 이야기. 사료 가치가 큰 『삼국지 평화』
는 물론 나관중의 소설 『삼국지연의』는 1회에서 황건적의 난과
도원결의를 다룬다. 정사 『삼국지』에는 도원결의에 대한 기록이
없다. 다만 서로 형제처럼 지냈다는 기록은 정사 곳곳에 있다. 셋
은 한 침대를 썼으며, 한날한시에 죽기로 맹세했다고. 요즘 '도원
결의'는 비유로 많이 쓰인다.

그 이름이 무엇이든 그것은
부담이 아니라 이미 존재감이다.

오늘 하루도 힘차게 날아오를 수 있는
근거이자 에너지원

그런 피 같은 사람
내 살 같은 사람
있는가?

있다면 있는 그것으로
이미 성공이다.

그것이 그대가 그토록 갈망하던
살아있는 이유
살아갈 힘!

그 사람 잠시 떠났는가?
아주 멀리 있는가?
혹여 영원히 사라졌는가?

제3장 가슴에 품은 사람 하나

만났다고 성공이 아니고
헤어졌다고 실패가 아니다.

만난 그 순간의 전율[2])에
진실이 있다.

헤어졌더라도
내 눈앞에서 사라졌더라도
사랑이라는 이름으로 연결되었던
그 순간은 영원하다.
의미 사라지지 않는다.

부모와 자식으로 만났든
그저 인간과 인간으로 만났든
한때 빛나는 순간 공유했다는 것

---

2) 1. 우주에서 일어나는 모든 일은 만남, 혹은 부딪힘에서 비롯된
다. 첫 입학, 첫 키스, 첫 출근, 첫 만남. 그 한순간의 전율이 우
리 세포 깊숙이 각인되어 있다. 우주 꿰뚫을 것 같은 환희에 '죽
어도 좋아'라고 외쳤던 우리 세포. 호르몬과 세포 하나하나는 늘
그 순간을 재현하려고 한다. 그대가 오늘도 눈 뜨고 일어나 다시
하루를 열어젖혔다면 바로 그 이유일 터. 무의식은 우리 순간 고
스란히 저장하고 있는 은행이다. 2. 매 순간 그 전율 재현하는
것이 바로 깨달음.

사랑이란 바로 세상과 팽팽하게
맞물려 돌아가는 것
그 전율이다.

가슴에 품은 사람 하나쯤 있다면
온 세상 품은 것

세상 품었다면 이제
멋지게 한 발 내디딜 수 있다.
세상으로 출근할 수 있다.

그대,
'우리'라는 건축
잘 떠받치고 있는가?
우뚝 중심 잡고 있는가?

오늘도 전진하기 좋은 날이다.

제3장 가슴에 품은 사람 하나

아름다운 직진
-제4 법칙 관점 법칙

천적이 쫓아오면 사슴은 직진만 하다가 죽는다.
토끼는 지그재그로 도망가 살지만
끝내 눈 가리고 아웅 하다가 죽는다.

우주는 전진하지만
그것이 곧 직진만을 의미하는 것은 아니다.
성공하는 길로 가더라도 실패 거쳐 가야 한다.
훌쩍 뛰어오르려면 한껏 움츠려야 한다.

시행착오는 선택이 아니라 필수,
효율성 면에서 직진이 옳은 듯 보이지만

ㄱ만큼 빨리 죽는다.
순식간에 조로한다.

'실패의 복선'을 성공이라 착각하게 된다.
곧 날아올 청구서 까맣게 모르고 있다가
뒤늦게 남 탓하게 된다.

통과의례 모두 관통하는 것이 최선이다.
겪을 일 일찌감치 다 겪으며 가는 게
가장 빠른 지름길이다.

초장 끗발 개끗발
소년성공이 낭패인 이유.

실수와 실패 부지런히 수집해 보자.
성공의 길이 따로 있는 게 아니라
실패 차곡차곡 쌓아 발판 삼는 것이다.
그 연륜 날개 삼는 것이다.

어차피 생이란
죽음 향한 힘찬 행진
엔트로피 서서히 높이도록 하자.

신의 관점으로 보면
지그재그가 더 아름다운 직진이다.

제3장 아름다운 직진

설렘병법

－우리는 서로에게 은행이다

인생에 커다란 이벤트가 자주 있다면

그 순간을 뚝 떼서 예금 들 수도 있겠지만,
별 볼 일 없는 노년에도
예금 찾아 호사 누릴 수 있겠지만

생은 작고도 절묘한 사건의 연속
재벌이나 왕이 아닌 우리는
오늘 또 찾아온 새 하루가 기회일 뿐이다.

인생의 빅 이벤트가
부자에게만 일어나는 일일까?
왕에게만 벌어지는 일일까?

진짜 이벤트는 '함께 꾸는 꿈'
각성한 개인이 어깨동무 연대하여
'도약'이라는 적금 드는 것

천년을 사는 소나무 되어
백년지대계 세운다면
꿈은 지금 당장 이루어지지 않아도 좋다.
우리 적금은 해약할 일이 없다.

산이 좋아 산에 오르다 산이 된 사람처럼
별이 좋아 별 보다가 어린왕자 된 아이처럼

꿈꾸는 그 순간
꿈과 하나 되는 기적 이루는 것
매 순간 만기 적금 타는 것

그것은 전율!

단 한 순간의 그것이 온 생 다 합친 영광보다
무거울 수 있다.
빛날 수 있다.

사랑이 끝나면 한 생이 끝나고
설렘 끝나면 젊음이 끝나고
만남 끝나면 우주 모조리 사라질 수 있지만

제3장 설렘병법

인류 단위 꿈은 끝이 없다.

이를테면 달의 뒷면에 깃발 꽂는 일[1]
제2의 지구 하나 발견하는 일
바람 잘 날 없는 이 행성,
우리 보금자리 지키는 일

민주제는 이념이 아니라
국민이 시민으로 성장하는 것,
매 순간 그 깨달음에 풍덩 빠지는 일

어제보다 한 걸음 나아가는 일
창문 열고 벽 부수고 '나'를 우주로까지 확장하는 일
더 멋진 인간으로 진화하는 일
오늘 또 하루 살아내는 일

그 안에서 만나면 우리

---

1) 2019년 세계 최초로 중국이 달의 뒷면에 착륙했으며 현재까지
달의 뒷면에 착륙한 국가는 중국이 유일하다. 달의 뒷면은 지구
반대편으로, 거리가 멀고 거대한 분화구가 가득한데다 평평한 곳
도 없어 접근하기 매우 어려운 곳이다. 2024년 6월 25일에는 중
국 달 탐사선 창어 6호가 지구로 무사귀환하는 데에 성공했다.
달의 뒷면에서 채취한 암석 샘플 신고서.

죽어도 죽지 않는다.

결과에 상관없이 날마다 소실점 보며 나아가는 일은
늙지 않고 죽지 않는 길
가다가 내가 죽어도
네가 이어서 계속 갈 수 있다.

뜻이 같은 동지로서 만나면 꿈 안에,
서로의 가슴에 영원히 살 수 있다.

우리 그저 한 걸음 내딛기만 하면 된다.
활활 타오르기만 하면 된다.

뜨겁게 불타는 유황지옥이지만
정작 밖에서 보기엔 유난히 빛나는 저 금성처럼.

오늘도 '오늘'이라는 적금 추천한다.
'매 순간 설렘'라는 이자 입금될 것이다.
'생은 기적'이라는 연금 타게 될 것이다.

우리는 서로에게 은행이다.

제3장 설렘병법

'나'를 죽이는 말에 심기일전하고
-제1 법칙 내력 법칙과 제2 법칙 바운더리 확장 법칙

관측 대상에 대한 관측자의 진술은
어차피 진리가 아니다.

누가 뭐라고 말하건 그건 자기 고백이자
감정의 투사 혹은
제 영혼이 살고 있는 주소

말이라는 칼은
물성 있는 진짜 칼보다 날카로울 수 있지만
또한 헛껍데기 종이보다 보잘것없을 수 있다.

누군가 사력 다해 찔러도
피 한 방울 나기는커녕
도리어 튕겨 나갈 수 있다.
저 나온 곳으로, 제 주인에게로 돌아갈 수 있다.

우리 기어코 거대한 벽이 된다면

천년을 사는 한 그루 나무 된다면!

'나'를 죽이는 말에 심기일전하고
살리는 말에 은인자중[1]할 수 있다.

살리는 말이란 칭찬 아니면 아부

칭찬이나 아부에는 관측 대상 통제하려는
관측자의 무의식적 의도 숨겨져 있다.
해묵은 습관 너덜너덜 붙어 있다.

세상에서 인정받는 일이란 나쁠 게 없지만
인간 존재 의미와는 그다지 상관없는 것.
존재를 짓눌러 땅속으로 꺼지게 만드는
그 무시무시한 허무는 벗어날 도리 없는 것.

존재란 존재 자체 내의 대칭과 균형
무게중심
외력에 맞서는 내력[2]

---

1) 참고 견디며 몸가짐을 신중히 함. 은인자중(隱忍自重.)
2) 내력은 외력에 대항하는 힘. 무게중심 잘 잡고 있으면 외력에 굳
   건하게 버틸 수 있다. 제1 법칙 내력 법칙을 말한다.

제3장 '나'를 죽이는 말에 심기일전하고

스트레스

존재한다는 것은
자기 내면의 무게중심 찾는 물리학적 탐구
깨달음이란 스트레스 즐기는 힘[3]

무게중심 잡고 외력에 대항하며
스트레스 즐길 수 있다면
비로소 '존재'라고 명명할 수 있다.

세계와 균형 잡힌 관계 맺으며
꾸준히 외부로 진출,
자기 영토 넓히는 것[4]
제가 서 있는 길과 접점 찾는 일련의 행위가[5]

바로 사는 일이다.
깨달음이다.

---

3) 깨달음을 한마디로 정의한 것. 이 책 안에는 깨달음에의 정의가
   여럿 등장한다. 그중 하나. 「깨달음이란 스트레스 즐기는 힘」
4) 제2 법칙 바운더리 확장 법칙을 말한다.
5) 제3 법칙 절대접점 법칙을 말한다.

몸을 한껏 부풀려 우주만큼 크게 확장하면
'나'라는 우주 안에 둥둥 떠다니는 티끌
강 건너 불구경하듯 감상할 수 있다.
칭찬이든 경멸이든 우리와 아무 상관 없는
우주 떠도는 부유물

그 우주 먼지들은
관측자 각자의 바운더리와 가치관.

더 이상 '나'의 일이 아닌 그들 각자의 일,
우주의 일,
태초에서 비롯된 신비

악인도 귀여워 보일 수 있다.
연쇄살인범도 불쌍해 보일 수 있다.
내란외환범도 가련해 보일 수 있다.

환경에 부화뇌동하지 않아도 된다.
외부 조건에 흔들리지 않아도 된다.

어차피 지지받고 싶지 않은 이에게 지지받는 일은

제3장 '나'를 죽이는 말에 심기일전하고

우리 수치가 될 터

허무는 외부에서 쳐들어오는 적군이 아니라
우리 텅 빈 내면에서 솟아나는 바람
'나'라는 폐허에서 부서져 내리는 잔해.

진화론에서도
환경과 지나치게 상호작용하는 종은
대멸종 맞는 법

환경과 데면데면 약한 종이
오히려 대멸종 이후 그 땅 주인이 된다.
일희일비 촐싹거리지 않는 굳건한 족속이
새로운 땅의 리더 된다.

'나'를 죽이는 말에 심기일전하고
살리는 말에 은인자중 할 수 있다.

하늘이 무너져도 의연하게
땅이 솟아나도 태연하게.

약자를 알아보는 살인 본능

-매 순간이 오징어 게임

세상 모든 일은 권력 게임이다.
누가 먼저 비인간으로 떨어지는가
누가 끝끝내 인간으로 남아 있을 것인가

혹은 누가 먼저 제 권력 내팽개치지 않고,
기득권에 빌붙지 않고[1]
마지막까지 남아 있는가 하는 게임

"마지막 라운드까지 가서
최후의 승자 될 수 있겠는가?"

먼저 탈락하는 자는
「오징어 게임(2021, 2024, 2025)」의 그것처럼
이미 죽은 자!

---

[1] 기득권에 줄 서는 것은 제 권력 비하하는 행위. 제 삶의 주인이
아니라 노예라는 선언. 누구에게나 고유의 권력 있다. 스스로 지
켜내야 그 권력 비로소 존재한다 할 수 있다.

제3장 약자를 알아보는 살인본능

인간에게는 '약자를 알아보는'
살인 본능이 있다.

본능대로 의심할 것인가
의심하여 — 약한 순서대로 범인 지목할 것인가
그리하여 마녀사냥에 동참할 것인가

아니면 단 한 순간도 인간 놓지 않은 채
자부심 지키며 굳건할 것인가!

결과를 보고 판단하자고?
진실이 중요하다고?

아니다.
결과도, 진실도, 팩트(Fact)도 중요하지 않다.

다만 제 안에 짐승이 사는 걸 목도했느냐
짐승 죽이고 매 순간 인간이 승리하고 있느냐
중요한 것이 있다면 바로 그것

자신과의 게임이다.

너무나 쉽게 자신과의 싸움에서 지고
짐승으로 전락하는 게

우리 인간.

이 우주에 악이란 없다.
자주 실패하고 늘 부재하는 선이 있을 뿐이다.
저 악의 무리는 그러므로 매일 실패하는 자들이다.
매 순간 제 안에서 인간이 쫓겨나는 이들이다.

인간 안에 인간 없다.
인간 드물다.

인간 부재!

이 소설, 혹은 영화에도 인간 한두 명쯤 나온다.
마을 사람들은 대부분 1라운드에서 탈락한 송장들
어쩌면 좀비

그래도 단 한 명쯤 인간이 존재한다면
세상 살아볼 만한 것.

제3장 약자를 알아보는 살인본능

살자, 살자, 살아보자
또 하루를 살아내 보자.

「가재가 노래하는 곳(Where the Crawdads Sing, 2022)」

세상에 선악은 없다. 다만 순간이 있다. 인간과 비인간이 갈리는 순간, 선이 뛰쳐나가 부재하는 순간. 그때 우리는 비인간으로 추락한다. 비인간은 다시 인간으로 돌아올 수 있을까? 대개 불가능하다. 엔트로피 증가하면 우주 안 모든 것 비가역적으로 부서진다.

세상에 말 거는 방식
-내 집 담벼락 혹은 마을회관, 페이스북(Facebook)

세상은 무명 연극배우 말 같은 건
제대로 들어주지 않는다.

다행히 나이 70, 80에라도 좋은 작품 출연하거나
권위 있는 상 받게 되면,
기적 일어난다면

그의 말 한마디 한마디는 진리처럼 떠받들어진다.
그 평생은 그로부터 긍정되며
발언은 권위 가진다.

그러다 불미스러운 사건에 연루되거나
이미지 추락하면
화려했던 발언권 압수되고 만다.

이후로는 누구도 그의 말 귀담아듣지 않는다.
마치 조선시대 팽형烹刑1)이라도 받은 것처럼

제3장 세상에 말 거는 방식

세상은 그를 투명 인간 취급한다.
무엇인가?
발언권이다.

한 인간의 사회적 철학적 가치는
발언권에 비례한다.

글쓰기를 비롯 모든 인간 행위는
세상에 말 거는 방식이다.

그런 의미에서 SNS,
그중에서도 페이스북2)에 매일 글 쓰는 사람은
세상 사람들이 쉽게 가질 수 없는 귀한 것
이미 누리고 있는 셈이다.

---

1) 죄인을 끓는 기름(혹은 물) 가마솥에 넣어 삶아 죽이는 고대 형
벌. 형 집행의 어려움에 따라 점차 기름이나 물을 넣지 않는 방
식으로 바뀌었다. 조선시대에는 일종의 명예형이었다. 죄인이 빈
가마솥에 들어갔다가 나오면 공식적으로 사망자가 되어 사회에
존재하지 않는 사람이 되는 것. 죄인의 유가족 또한 상을 당한
것처럼 열심히 통곡하고 장사 치러야 했으며 시묘살이와 제사까
지 지내야 했다. 죄인에게 말 붙여서도 안 되고 누구도 그 이름
불러서는 안 되는 무시무시한 형벌. 사회적으로 완벽하게 매장하
는 형벌이므로 투명인간형이라는 별칭 붙일 수 있겠다.
2) 미국의 기술 대기업 메타(Meta)가 소유한 소셜 미디어이자 소셜
네트워크 서비스.. 우리나라 중장년층 사용률이 매우 높다.

단지 내 집 골목에서 소리쳐 외치는 것만으로
내 목소리 세상 곳곳에 전달된다.

팔로워(Follower) 많으면 그 속도 더 빠르고 크다.
언론 역할 할 수 있다.

지금 시대 언론이나 일부 기득권에게나
유리한 바로 그것.

우리에게는 세계 지도자와 촘스키들,
방탄소년단3)이나 떳떳하게 가질 수 있는
발언권이라는 게 있는 것이다.

철학이란 간단하다.

---

3) 2013년 6월 13일에 데뷔한 대한민국 〈빅히트 뮤직〉 소속 7인조
보이그룹. 멤버는 정국, 뷔, 지민, 슈가, 진, RM, 제이홉. 방탄소
년단(防彈少年團)이라는 이름에서 방탄은 '총알을 막아낸다'라는
뜻이다. 방탄소년단은 "10대들이 살아가면서 겪는 힘든 일, 편견
과 억압을 우리가 막아내겠다는 뜻을 담아냈다"고 밝힌 바 있다.
〈Dynamite〉가 〈빌보드 핫 100〉 1위를 함으로써 대한민국에 가
져다주는 경제효과는 최소 1조 7천억 원이라고 한다. 이 곡의 영
향력은 상당했는데 당시 코로나19로 전 세계인들이 고통받는 시
기였기에 더욱 그랬다. 2018년, 2020년, 2021년에 '미래세대와
문화를 위한 대통령 특별사절' 자격으로 UN 연설을 한 바 있다.

왜 나에게 말 걸어주지 않나
어깃장 놓을 것인가
능동적으로 말 걸고 손 내밀 것인가

떳떳하게 자기 사유 말할 것인가
남의 말에 시비 걸며 구시렁 안티(Anti) 할 것인가

주체인가
객체인가

쿨할 것인가
징징거릴 것인가

주도하고 계획하여 판 설계할 것인가
남이 벌여놓은 판 기웃거릴 것인가

판 구축하여 새로운 생태계 세팅할 것인가
단지 바둑판 말 노릇할 것인가

줄 세울 것인가
줄 설 것인가

서재 같은 블로그(Blog)[4]

셀럽 발언 위주 광장 같은 트위터(Twitter[5])

정담 나눌 수 있는 카페 테이블 스레드(Threads)[6]

아트 갤러리 브런치 스토리(Brunch Story)[7]보다

발언권 차원에서 골목 담벼락 혹은

'마을회관' 페이스북이 단연 세다.

그대는 어떤 펜을 쓰는가?

쓰는 사람과 읽는 사람 사이에

차원이 존재한다.

그대가 언론이다.

그대가 페부커Fabooker[8]다.

---

4) 정보 공유나 의견 교환을 목적으로 쓴 글을 모아 월드 와이드 웹 상에 게시하는 웹사이트의 일종.

5) 미국의 기업 X Corp.가 소유한 소셜 네트워크 서비스 및 마이크 로 블로그 서비스. 요즘 이름은 X.

6) 메타(Meta)에서 운영하는 탈중앙화 소셜 네트워크 서비스. 자매 서비스인 인스타그램과는 달리 텍스트 콘텐츠가 중심이 된다.

7) 대한민국 IT 기업 카카오(Kakao)의 블로그 서비스. 2015년 6월 22일 처음 서비스를 출시했다. 작가 활동을 시작하려면 작가 신 청을 한 후 선별 승인을 통과해야 한다. 이후 콘텐츠를 발행할 수 있다. 작가에게 출판 기회를 제공하고 있다.

8) '페이스북 하는 사람'이라는 뜻으로, 줄임말 페북에 '하는 사람'이

'페이스북 코리아'는 최근 좀 문제가 있다. 벌건 21세기에 검열과 통제 빈번하다. 요즘은 스레드가 마을회관 역할 증폭되었다. SNS, 어떻게 활용할 것인가?

_____

라는 뜻의 접미사 'er'을 붙여 보았다.

우주론적 사랑

인간은 오로지 자신만을 바라본다.
사랑은 상대를 바라보는 것이 아니라
상대를 열망하는 자신 바라보는 것

비로소 거울을 보고
새삼스럽게 인간 하나 발견하는 것
어쩌면 새로 태어나는 것이다.

오스카 와일드의 나르키소스[1] 재해석에서
호수는 나르키소스 눈동자에 비친
제 모습만을 들여다보았다.

나르키소스도 호수에 자신 투영했지만
호수 역시 그를 통해 본 제 아름다움에 매혹된 것

서로를 탐험하거나 개척하는 것이 아니라

---

1) 파울로 코엘료(Paulo Coelho), 『연금술사』, 문학동네, 2005, 13~15쪽.

단지 자신과 대화하는 것
사랑은 자신 구원하는 것이다.

제가 어디에 서 있는지
벼랑 끝에 매달려 있는 것은 아닌지
때로 확인하는 것

세상에서 떠밀리지 않으려고
벼랑에서 떨어지지 않으려고
아슬아슬 버텨보는 것이다.

사랑은 세상이라는 동그라미 안에서,
각자의 최전선에서

서로 등 맞대고 버티는 것
그럼으로써 한 편 되는 것
하나 될 수밖에 없는 것
의지할 수밖에 없는 것
가난한 몸뚱이끼리 서로 보듬는 것

인간은 아무리 돈이 많아도 가난하다.

그것은 소리 없는 몸부림
눈물 나는 존재 증명
떳떳하게 생 한가운데 서기까지
사랑은 온갖 지옥 맛보게 한다.

조금쯤 떨어져 자신을 보면
가련한 인간 하나 보인다.
숭고한 존재 하나 만나게 된다.

저와 똑같은 불쌍한 인간 저기 있다.
때로 마음 문 꼭꼭 닫아놓고
저 혼자 잘났다고 발광2)하는 태양이 거기 있다.

우리는 저마다 태양이다.
그 주위 도는 행성조차 다시 태양이다.

우주 무수한 별들처럼
위태롭게 반짝이다
가뭇없이 사라지는

---

2) 1. 빛을 내는 것(發光). 2. 미쳐서 날뛰는 것(發狂). 두 가지 뜻 다
   포함하는 중의적 표현.

제3장 우주론적 사랑

가끔은 폭발하는 천체다.

그 중력 보인다면 생각해 주길.
우리는 각자 자신 무게 감당하는
시시포스3)다.
아틀라스4)다.
독수리에게 간 쪼이는 프로메테우스5)다.

신6)을 도발하고
신과 대화하고
신과 같은 무게 감당하는
한 세계 창조하는 선지자다.

떨어져야 새로운 세상 열린다.

---

3) 그리스 신화의 등장인물. 큰 바위를 가파른 언덕 위로 굴려 올려
   야 하는 벌을 받았다. 바위가 밑으로 떨어지면 처음부터 다시 밀
   어 올려야 하는 끝나지 않는 형벌. 시시포스는 인간 존재의 투영
   이자 영원한 죄수의 상징이라고 할 수 있다.
4) 그리스 신화에 나오는 거인 티탄족 신. 제우스 신에게 대항했다가
   패하고 하늘을 어깨에 짊어지는 벌을 받았다.
5) 그리스 신화의 영웅. 아틀라스의 형제이자 티탄족 거인. 신의 불
   을 훔쳐다가 인류에게 준 대가로 -제우스의 노여움을 사서 -카프
   카스 산의 바위에 묶여 독수리에게 간이 쪼이는 형벌을 받았다.
6) 여기서 신은 인격으로서의 신이 아니라 우주, 혹은 전체라는 뜻의
   상징어다.

한 걸음 물러서서
조금 먼 곳에 서 있어야
아스라한 나 볼 수 있다.
반짝이는 너 볼 수 있다.

반짝이지 않는다면
우뚝 서지 못한다면
비 온 날 하늘처럼
별과 은하 없는 우주처럼

너도 그저 암흑이 될 것
나도 빛 잃고 스러질 것

운명이라면 만나지는 게 아니라
반짝인다면 멀리서도 볼 수 있다.
가까이 있으면서도 먼 곳에 둔 듯 애태울 수 있다.
그리움을 그리워할 수 있다.

그것이 진짜배기 만남.
맹세는 필요 없다.
펄떡이는 네 심장이 필요할 뿐.

제3장 우주론적 사랑

피가 끓고 있는지
뼈가 다 녹고 있는지
네 심장 갈라서 보여다오.
네 가는 길 보여다오

엔트로피 달려가는 그 길
길 위의 너 보여다오

오로지 네 안 엔진으로써 그 길 걸어다오.
우주의 기둥 되어다오.

그것이 서로 친구 되는 길
비로소 사랑이다.

타성에 빠지지도 말고
삶과 이별하지도 말고

닿을 듯 닿지 않는 가냘픈 선 하나 지키는 것
그 경계 위에 너도 서고 나도 서는 것

그것이 우주의 바람.

부디 굴복하지 말고
굴복시키지도 말고
뚜벅뚜벅 너의 길 가라.
나도 내 심장 갈기갈기 찢으며 걸어가겠다.

설사 네가 믿지 않더라도
미지는 현재를 일으켜 세운다.

후대에게 이 빚 갚고자 우리,
웅장한 걸음으로 성큼 태어난 것이다.

이미 완전하므로
조건 갖추어졌으므로
때가 되었으므로
기적 일어났으므로

이 우주에 반짝 존재 드러낸 것이다.

반짝이려고 애쓸 필요 없다. 그대 이미 별이다. 우리는 별의 후손. 반짝이기에 태어났다.

제3장 우주론적 사랑

'나'를 죽이고 인류 살리는 낭만
-헤드라이트에 잡힌 사슴

"Deer in the headlights"

영어권에서 쓰는 관용구다.
직역하면 '헤드라이트에 잡힌 사슴'이지만
관용적 표현이므로 깊은 뜻이 있다.

'놀라서 움직이지 못하다'
'어찌할 바 모르고 무력하게 서 있다'
'압도되어 얼어붙다'

사슴은 달빛만으로 동공 충분히 열리는
민감한 시각 가졌다.

자동차 헤드라이트는 사슴에게 치명적 섬광탄[1]
순간적으로 눈멀게 한다.

---

1) 손으로 투척하는 수류탄 일종. 폭발 대신 강력한 섬광과 폭음 내
   뿜는다. 일시적으로 시각과 청각 마비시켜 적을 무력화시키는 무
   기.

헤드라이트가 워낙 강하므로
사슴은 순간 시각 잃고 얼어붙어 있다가
자동차에 치여 죽는 것이다.

로드킬 연상되는 그 짧고 강렬한 순간!

하긴 인생은 길
우리 다 길에서 죽는 것
— 그대의 소실점은 무엇인가?

헤드라이트와 사슴 만남은 꽤 상징적이다.
'당황하여 얼어붙다.' 뜻 말고
'첫눈에 반하다.'라는 뜻으로도 해석될 수 있겠다.

만나고 눈멀고 하나 되고 헤어지지 못하고

'나'는 '너' 죽이고
'너'는 '나' 살리는 것[2]

---

[2] 한 사람이 온전히 서기까지 얼마나 큰 인고가, 세월의 더께가 그
를 감싸야 했던가? 한 사람 성장하려면 온 우주의 보살핌 필요하
다. 「바로 우리 옆 그 사람이 죽고 썩고 거름 되어 오늘 우리가
있는 것. 땅과 대기와 태양 없이 홀로 선 나무는 없다.」

제3장 '나'를 죽이고 인류 살리는 낭만

사랑!

사랑은 둘 중 하나가 눈멀어야 시작된다.
다른 하나가 걷지 못한다면
기묘하고도 완전한 결합 이루어진다.

앞 보이지 않는 이가
다리 없는 이 업고 가는 것
업힌 이는 앞으로 나아갈 방향 가리켜야 한다.

이런 장면 상징적이다.
사랑 묘사하는 합리적이고도 처연한 그림
우리 누구나 어디 한두 군데씩
부러지고 깨지고 않았던가.

아니라고?
완전하게 홀로 섰다고?

글쎄, 아쉬운 것 없는 이는
아쉬운 것 없어 사랑에 빠지지 않는다.

왕자와 공주는 자주 짝짓기 게임 속으로 들어가지만
수렁에 빠지지는 않는다.

"내가 무엇이 아쉬워서 너에게 목매겠느냐?
버리면 그뿐."

장님은 방향 가리키는 사람 버릴 수 없다.
걷지 못하는 이도 업어주는 이 버릴 수 없다.
운명은 어느 순간 하나로 포개진다.

내가 너인지 네가 나인지
네 살이 내 살인지
내 피가 네 피인지 분간하기 힘들어진다.

일심동체,

둘은 그렇게 서로를 일으켜주는 순례길 길동무다.
인류에게도 보이지 않는 앞길에
방향 제시하는 리더 필요하다.

흠결 있어서 오히려 역설적으로 우뚝 일어선

제3장 '나'를 죽이고 인류 살리는 낭만

길잡이 혹은 선장

그런 게 사랑이다.
수렁에 빠지는 게 사랑이다.
인류는 통째 사랑에 빠져 있다.

인류호 선장은 미국 지도자만이 아니다.
우리 누구라도 어느 결정적인 순간
역사의 무대에 설 수 있다.

누가 언제 어느 순간
인류 운명 한 몸에 지게 될지는
알 수 없는 것.

만약 그대가 세월호3) 선장이라면
어떻게 했을 것 같은가?
타이타닉호4) 선장은 또 어떻게 했나?

---

3) 2014년 4월 16일, 대한민국 전라남도 진도군 부근 해상에서 침
   몰한 여객선. 이 사고로 인해 탑승객 476명 중 304명이 사망 또
   는 실종되었다. 선장 이준석은 세월호와 승객 뒤로하고 혼자 탈
   출했다.
4) 영국의 화이트 스타 라인이 운영한 북대서양 횡단 여객선 RMS
   타이타닉(RMS Titanic)을 말한다. 1912년 4월 10일 영국 사우

진짜 리더는 승객 먼저 구한다.

가짜는 저만 살려고 버둥거리며
배를 수렁에 빠뜨린다.
결국 먼 길 돌아 저도 수렁으로 들어간다.

온 세상 다 죽이고 나만 살 것이냐
내 죽을 것 각오하고
세상 살릴 길로 갈 것이냐.

미리 생각해 두어야 한다.
결정적인 순간 어떤 버튼 누를 것인가?

낭만이란 피 묻은 깃발
깃발은 거저 휘날리지 않는다.

죽을 줄 알면서도

샘프턴을 떠나 미국 뉴욕으로 향하던 중 빙산과 충돌하여 침몰했다. 사고 날짜는 4월 14일. 이 사고로 1,514명이 사망했고 선장 에드워드 스미스는 직무 포기하지 않고 끝까지 가라앉는 배에 남았다. 절반가량의 선원(항해사 및 기관사)이 순직했으며 시체는 발견되지 않았다.

제3장 '나'를 죽이고 인류 살리는 낭만

혼신으로 수렁으로 걸어 들어갈 때
비로소 희미하게 그 자태 드러낸다.

그게 지성인의 낭만이다.
리더의 태도
인류호 선장의 기개다.

날마다 죽음 뚫고 나아가는 낭만

바람을 가르며 한 합에 휙,
적장의 목 베려 한다.

진지에 돌아가서야 비로소
제 목 떨어진 것 알아챌 그를 떠올리면
벌써부터 부르르 온몸 소름 돋는다.

그러니 생은,
결과가 아니라 과정이다.
지금 바로 '이 순간'이다.

글 쓰는 순간순간이 오르가슴이며
빛이며 진리다.

보상 따윈 필요 없다.
목적은 없다.
쓸 수밖에 없는 내 안의 엔진에 의해 쓴다.

세상에 나가 어떤 궤적 그리든 그건
그 책 그 글이 감당할 몫.

마찬가지로 삶에 목적 따위 없다.
우리는 빅뱅에 의해 우주 떠돌다
잠시 이 행성 들렀다.

이제 곧 묶인 사슬 끊어내고
다시 저 적막으로 나아갈

별의 역사
빛의 증거

우리는 중력에 붙들린 순례자

던져졌으니 일단 일어나 걸어보는 것
던져진 채로 바람 부는 대로 굴러다니기보다
우뚝 일어나 이왕이면 내 손으로
나를 던져보는 것.

생生이라는 구렁텅이에서는

벌떡 일어나지 않는다면 송장이다.
피 끓지 않는다면 죽은 목숨
살아 펄떡이는 것이야말로
기적이자 신비

홀로 선 둘이 만나
무언가 생산해 내는 것이 진리다.
우주도 그렇게 크게 부딪혀 빅뱅 이루었다.

깨달음이란
너와 나, 우리 생
서로 만나 대폭발 이루는 것

'너'는 '나'를 이루는 세계
'나'는 네가 매일 만나는 세상,
그 끄트머리
벼랑

그대, 세계와 손잡고 있는가?

자신 둘러싼 거대한 세계 찢어발기고

제3장 날마다 죽음 뚫고 나아가는 낭만

미지 향해 깃발 꽂고 있는가?
제 영혼 깊숙한 안뜰에
사과나무 하나 심고 있는가?

글자 배운 자,
지식 세례 받은 자,
시인이라는 자부심 품은 자

철학이라는 태도로
예술이라는 행위로
우리는 어디로 가고 있는가 고민하는 자

바로 당신!

겸손이라는 가발[1] 뒤집어쓴 채

---

[1] 거대담론이 거장하게 느껴실 수도 있다. 서내남론은 낯간시럽고
진리는 손발 오그라든다면 그대, 겸손이라는 가발 뒤집어쓴 것일
지도 모른다. 가족 앞에서는 홀홀 벗어던질 수도 있는 그것. 가발
벗고 이야기해 보자. 솔직하게 터놓고 말해 보자. 세상에 곱고 평
안한 삶만 있던가? 질곡 없는 삶 있던가? 리더는 매 순간 죽음
뚫고 나아간다. 가깝게는 가장이 그렇다. 우리네 엄마, 아빠가 그
렇다. 한 집안 책임지는 일은 숱한 죽음 관통하는 일. 전우의 주
검 넘고 넘어야 하는 일. 죽음이 공기 중에 둥둥 떠다녀서 매일
제 송장 치워야 하는 일. 일가 경영하고 있지 않다면, 이 사회에

지금 동굴 속에,

프레임 속에 숨어있는 것은 아닌가?

인간은 껍질 벗고 우화2)할 때

창 열고 담장 부수고 나아갈 때

우주로 발사될 때

비로소 생생하게 존재할 수 있다.

철학과 예술

그 궁극은 인류 구원

길 위에 우리 전율의 생 있다.

무엇을 위해 이렇게 날마다 진화해야 하느냐고? '위해서' 하는 것

책임 의식 없다면 발언권도 없는 것. (닥쳐.)

2) 1. 번데기가 — 날개 있는 엄지벌레로 변하는 일. 순화어는 날개
돋이. 2. '우화등선羽化登仙' 준말. 즉 날개 돋아나 신선 되는 것.
도가에서는 '도인이 지향하는 지점'을 뜻한다. 이 대목에서 말한
다. 지향할 필요 없다. 누구에게나 날개가 있다. 대신 사막 건너
야 한다. 등뼈 찢어져야 한다. 날마다 죽음 뚫고 반 발작씩이라도
나아가야 한다. 그때에야 비로소 날개 활짝 펼쳐진다.

제3장 날마다 죽음 뚫고 나아가는 낭만

이 아니다. 그저 살려고 나아가는 것이다. 나아가지 않는 삶은 죽은 것. 기어가다 보면 어느덧 사막 건너게 된다. 아직도 배가 고픈가? 목이 타들어 가는가?

걷자, 달리자, 날자, 날아 보자!

부록

깨달음에 대한 흔한 오해 1

시간은 흐르지 않는다.
흐르는 건 우리다.

시간은 없고 다만
우주가 펼쳐져 있다.
우리는 그저 앞으로 나아가면 된다.

우리가 눌러야 할 버튼은 능동버튼

『반야심경』 참조하자.
색은 공이고 공은 색인데
있는 것도 없는 것도 같은데
욕망이 어디 있으며 집착이란 또 웬 말인가?

침잠하여 내 안에 있는 나
따로 주시할 필요 없다.
욕망 없애려고 애쓸 필요 없다.

가장 큰 기쁨 하나로 덮어쓰기하면
자잘한 욕구들 흐지부지 삭제된다.
결국 있는 것이나 없는 것이나 같게 된다.

인류 단위로 사유하면,
단독자로서 신과 일대일로 우뚝 서면,
인류에 방향 제시할 수 있다면,
80억 대표하여 고독한 결단 내려야 한다면,
지금 지구 구하고 있다면

기름진 음식 탐식한다고 해도
제 가는 길 든든히 받쳐주는
에너지원 될 뿐이다.

욕망이 아니라 자연스러운 동력
스트레스가 아니라 소소한 일상 흔적 될 뿐이다.

따로 오르가슴의 노예 될 일도 없다.
깨달음이라는 장대한 쾌락 한가운데
이미 들어서 있기 때문이다.

흔들리거나 말거나 상관없다.
제 한 몸 안녕 기도하는 자체가 감옥이다.
문 열고 온전히 세계와 만나면
걸음걸음이 기적이다.

단지 평상심 구하고 있는가?
'평안'이 목표인가?

"무슨 소리! 우주의 미래 고민해야지 않는가?"

그냥 심사 복잡하기를.
우주 다 짊어지기를.
우주 배경으로 사유하다 보면 저절로 심플해진다.

생각하자.
욕망은 없다.
사유思惟가 있을 뿐이다.
온 우주 가로지르는 깨달음 있을 뿐이다.

우주는 매 순간 가속 팽창하므로
뒤돌아가거나 퇴행하지 않아도

가진 것 움켜쥐고 그저 가만히 있으면
저 혼자 뒤처지게 된다.

세계는 전진한다.
비우거나 내려놓을 게 아니라
꿋꿋하게 앞으로 나아가야 한다.

일신우일신 새로워져야 한다.
스케일 키워야 한다.
짜릿하게!

고독에도 스케일이 있다. 그대 우주만큼 고독하기를.

깨달음에 대한 흔한 오해 2

산책하거나
여행 가거나
TV, 신문 보지 않거나
머리 깎고 산에 들어가면

그 어떤 태풍에도 흔들리지 않을 수 있다.
일에 열중하면
세상사 시름 잊을 수 있다.

이는 도道가 아니라
깨달음이 아니라
물리적 간격이다.

철학 하는 자세
과학가의 태도일 뿐이다.

멀리 떨어져 있으면
강 건너 불구경하면

자기 일 아니라고 생각하면
누구나 큰스님쯤 될 수 있다.

물론 가짜다.

당장 자기 아이가 호랑이굴에 떨어졌을 때도
부처님 미소 지으며
고요히 앉아있을 것인가?

내 나라가 강대국 침공에 불바다 되었는데
가부좌 틀고 염불이나 욀 것인가?

불법 무면허 운전자가 운전대 잡고 폭주하는데
승객석에 앉아 우아하게 기도나 할 텐가?

사랑하는 그가 알코올 혹은 마약으로
자신 망치고 무너져간다면
가슴 치지 않을 도리 있는가?

지금 경복궁이나 숭례문,
소광리 아름다운 금강소나무숲1)불타고 있다면

유유자적 이 순간이 즐겁겠는가?

그렇게 할 수 있다면
바보거나 사이코패스다.
일말의 의리도 없는 것이다.

점령군 군홧발에 국토 짓밟히고 있다면
우리 가슴 갈가리 찢기는 게 맞다.

죄 없는 이 도륙당하고 있다면
자기 일 아니어도
지옥 경험해야 마땅한 것.

---

1) 경북 울진군 금강송면 소광리 소나무 숲. 금강소나무가 집단으로
   분포되어 있어 조선시대부터 '황장봉산'이라 불리며 보호·관리된
   소나무 숲이다. 황장봉산이란 일반인의 벌채와 입산을 금지한 왕
   실 전용 산을 말한다. 금강소나무는 우리나라에서 자생하는 소나
   무 중 가장 우수하다고 평가받고 있다. 일반 소나무에 비해 줄기
   가 곧게 자라며, 표면이 붉어서 적송이라고도 한다. 생육 속도가
   느려 나이테가 조밀하고, 강도가 강하며, 송진 함유량이 많아 잘
   썩지 않는다. 20cm 이상 거목으로 성장한다. 형태가 곧아 예부
   터 궁궐이나 큰 사찰 짓는 재목으로 사용했다. 울진 금강소나무
   숲길은 과거 보부상들이 사용하던 옛길 등을 활용하여 자연훼손
   을 최소화한 친환경 숲길이다. 생태계 보존할 수 있도록 사전예
   약제도로 운영 중이다. 숲나들e(원문).

나라가 강점되었다면
울분 토하는 게 인간 도리.
전쟁터에서 나 홀로 독야청청?
인면수심이다.

세상에 전쟁 아닌 일 없다.
우선 자신부터 싸워 이겨야 한다.
생은 부단한 자기와의 전쟁이다.

말하건대 깨달음은 돌부처 되는 일이 아니다.
우리 사소한 결정 하나가
누군가의 생 송두리째 바꿀 수 있다.

내 생각,
작심,
눈빛 하나가 세상 낭떠러지로 몰고 갈 수 있다.

러시아를 보라.
우크라이나는 어떤가.
영국의 EU 탈퇴는 또 무엇인가?
10. 29 참사2) 때 기동대는 어디 있었는가?

반짝반짝 빛나던 코리아는 지금 어디 있는가?

리더 태도 하나에 우리
죽기도 살기도 한다.

멀리서 기웃거리기만 하는 '너'
자기 삶에만 찰싹 달라붙어 있는 '나'
서로 만나지 못하는 우리.

조금 더 가까이에서 보자.
세상 한복판에서 만나자.

---

2) 2022년 10월 29일 서울특별시 용산구 이태원동 '이태원 세계음
식 거리' 해밀톤 호텔 서편 골목에서 발생한 압사 사고. 핼러윈
축제로 수많은 인파 몰린 가운데 159명이 사망하고 195명이 중
경상 입었다. 평소와 달리 기동대는 미리 배치되지 않았고 투입
시간마저 매우 늦었다. 기동대는 안전관리와 질서유지를 담당한
다. 참사 피해가 커진 이유 중 하나다.

깨달음에 대한 흔한 오해 3

'나'는 누구인가?
'나'는 기억의 총합인가?
몸과 사고와 행동의 그것인가?

그렇다면 욕지거리 한 번 하면
모종의 배신행위 한 번이면
'나'는 구제 불능의 '나'가 되는가?
고해성사나 참회라도 해야 하는가?
마음에 걸려야 하는가?

아니다.
그런 건 어쨌거나 상관없다.
강박 가지거나 완벽주의자 될 필요는 없다.

긍정적인 사건을 플러스
부정적인 사건을 마이너스로 할 때
인생은 어차피 플러스 마이너스 합쳐서 0이 된다.

플러스만 있는 생도
마이너스만 있는 생도 없다.
잘못한 일은 더욱 커다란 긍정적인 일로
덮어쓰기하면 된다.

지은 죄 있다면
정신 차리고 만회하면 된다.
마이너스 통장 메꾸듯 플러스하여
잔고 늘여가면 된다.

"생은 언제나 지금 이 순간부터!"

'나'를 내 몸이나 행위로 한정할 때
'나'는 감옥이 된다.
제 좁은 영역에 갇힌 수인 된다.

'나'는 사유의 바운더리
영향의 바운더리
제자가 있다면 제자가 움직이는
영역 다 포함된다.

작품 있다면 작품이 끼치는 영향도 해당된다.
바로 영향력이다.

그렇다면 트럼프 영향력은 어떤가?
미국도 예전 미국이 아니고
'미국 대통령 이코르 세계 대통령'이 아니게 된 데에는
트럼프 공이 지대하다 할 수 있겠다.

스티브 잡스(Steve Jobs)[1],
마크 저커버그(Mark Zuckerberg)[2]
일론 머스크(Elon Musk)[3]는 어떤가?
푸틴(Vladimir Putin)은?

---

[1] 스티븐 폴 잡스(영어: Steven Paul Jobs, 1955년 2월 24일~2011년 10월 5일)는 미국 남성 기업인이었으며, 애플 전 CEO이자 공동 창립자다. 인류에게 많은 영감 준 미니멀리스트라고 해야 할까? 2011년 10월 5일 췌장암으로 사망했다.

[2] 마크 엘리엇 저커버그(영어: Mark Elliot Zuckerberg, 1984년 5월 14일 ~)는 미국의 프로그래머 및 인터넷 사업가이며, 기업 메타 플랫폼스(구 페이스북) 설립자이자 현재 CEO.

[3] 일론 리브 머스크(영어: Elon Reeve Musk, 1971년 6월 28일~)는 남아프리카 공화국 출신 미국 기업인이자 정치인이다. 페이팔의 전신이 된 온라인 결제 서비스 회사 X.com, 민간 우주기업 스페이스X를 창립했고, 전기자동차 기업 테슬라 회장이기도 하다. 2024년 미 대선을 비롯 요즘 허튼짓은 수위를 넘고 있다.

그들은 인류문명 고민하고 있는가?

방향 제시하고 있는가?

잡스는 죽었지만 영향력 아직 좀 남아 있다.

저커버그는 메타초지능 연구소

(*Meta Artificial General Intelligence Lab*)⁴⁾ 통해

AI 분야에 공격적으로 진출하고 있고

일론 머스크는 그 특유 진취적 삽질로

인류에게 영감 주기는 한다.

적어도 인류 문명에 대한 고민 한다.

뻘짓도 유쾌하게 한다.

푸틴?

그는 이미 전 지구적 테러범으로 강등되었다.

푸틴은 우크라이나 인질 삼고

---

4) 뉴욕타임스(NYT)와 블룸버그(Bloomberg L.P.)등 외신에 따르면 마크 저커버그 메타 최고경영자(CEO)는 2025년 6월 30일(현지 시간) 사내 공지를 통해 '메타 초지능 연구소'를 설립하겠다고 발표했다. 메타는 초지능 연구소 설립을 위해 AI 스타트업 '스케일 AI'에 143억 달러(약 19조 5천억원)를 투자하기로 하고, 창업자 이자 최고경영자인 알렉산더 왕(Alexandr Wang)을 최근 영입한 바 있다.

인류에 선전 포고 중이다.

덕분에 우리 요즘 누구나
인류문명 방향성에 대해 고민하는
철학자 되어가고 있다.

촘스키는 어떤가?
인류 단위로 사고하는가?
얼마 전엔 우크라이나 보고
"피해자가 참아라" 개소리 시전 하시던데?

그럼 우리 잘난 지식인들은
지금 뭐 하고 있는가?
언론은?

어이쿠야, 말을 말자.
그렇다면 지도자가 아닌 우리는
영 희망 없는가?
아니다.

리더가 아니어도

리더 관점 가지는 게 깨달음.

세계 지도자들이야말로
자국 이익 고수하지 않을 수 없기에
때로 자신과의 게임에서 유리하지 않다.

이에 반해 우리는 보다 더
넓은 시야 가질 수 있다.
높은 고지에 설 수 있다.

각자 자기 고지에 서서
황조롱이 관점 신의 관점으로 세계 볼 때
서로의 세계 겹쳐진다.

거기가 바로
우주 작동하는 원리 보이는 곳
세상 돌아가는 이치 한 손에 잡히는 곳
그 순간이 우리가 진실로 만나는 순간!

'나'만을 들여다보고
제 일에만 몰두하다 보면 시야 좁아진다.

자기 입장에만 서다 보면 사람이 자잘해진다.
지 밥그릇 지키겠다고 날뛰다 보면
좀스러워질 수밖에 없다.

시대와 함께 나아가지 못하고 강퍅하게 굴면
꼰대 되는 것이다.

깨달음은 '나'만을 찾는 것이 아니다.
너는 나의 다른 버전이요
인류와 동의어임을 아는 것.

나만의 입장이 아니라 언제라도 서늘하게
진리 입장에 서는 것이다.

'나'는 소우주가 아니다.
나사 하나가 아니다.
단지 부분이 아니다.

부분은 전체와 같고
우리는 언제라도 우주 입장에서 사유할 수 있다.
누구라도 어느 순간 고독한

신의 입장에 서는 순간이 있다.

깨달음은 구엘리트 죽이고 신엘리트 탄생하는 장면,
왕을 단두대에 세우고 민주제 쟁취하는 사건,
인류를 새로운 질서의 땅으로 데려가는 것이다.

코페르니쿠스적 거대한 발상 전환,
양자역학이 아인슈타인 엿 먹였듯
기존 질서 때려 부수고 화끈하게 치고 나아가는 것,
인류 단위 전쟁이다.

당연히 '나' 혹은 '내 입장' 박살 내야 한다.

우주만 한 망치 혹은 지렛대 필요할 뿐
저 자신을 들여다보는 현미경 따윈 필요 없다.
각자 연장이나 하나씩 챙기자.

「올드보이(Oldboy, 2003)」 장도리도 좋고, 「킬빌(Kill Bill: Vol.
1, 2003)」 칼도 좋고, 「영웅본색(A Better Tomorrow, 1986)」
총도 좋고, 요즘 뜨는 재블린(*Javelin*), 스팅어(*Stinger*)도 좋고

나오며

정의란 무엇인가?

의義란 무엇인가?
의리義理란 무엇인가?
정의正義란 무엇인가?

사람 사는 도리란
세상 돌아가는 이치란 무엇인가?

이게 그리 거창한 원리일까?
대단히 어려운 철학일까?
서로 다른 말일까?
아니다. 같다.

의란, 의리란, 정의란
인간이라면 지켜야 할 도리다.
진리에 입각하여 목숨 걸고서라도 수호해야 할 가치다.

진리란 인간의 의도가 들어가지 않은
우주 작동하는 원리

말하자면 양자역학이다.
엔트로피 증가 법칙이다.

진리도 매 순간 새로 태어난다.
우리 날마다 죽고 다시 태어나듯이.

진리는 인간의 실천 의지와 홀연히 접점 이루었을 때
비로소 그 숭고한 자태 드러낸다.
그것이 매 순간 우주가 미소 짓는 방식.

우주라는 '세상 가장 아름다운 공식'의 답은
진리 방정식의 미지수 X는
사람 사는 도리다.
의다. 의리다, 정의다.

슈뢰딩거의 고양이가 죽었는지 살았는지는
아직 정해지지 않았다.
상자 뚜껑1)열 때 결정된다.

---

1) 뚜껑은 매 순간 열린다. 사랑의 유효기간은 순간, 우주 안 모든
사건의 유효기간도 찰나. 무슨 일이든 이 순간 새로 시작할 수
있다. 아직 아무것도 끝나지 않았다.

고양이가 죽었거나 살았거나 다르지 않지만
이왕이면 살려내야 한다.
우리 능동 의지 필요하다.

사람 하나 살리는 일이 우주 살리는 일
우주 살리는 일이 '나' 살리는 길이다.

나만을 아끼고 위하는 이가 아니라
헌걸찬 기개로 빼앗긴 조국 찾으러 떠나는 이가
처절하게 나를 사랑하는 이다.

오늘 네가 무릎 꺾여 바닥에 쓰러진다면
나도 피투성이 되어 죽고 다시 태어났다는 증명이다.

너와 나 사이 그 혁혁한 대륙 횡단하는 것은
우주로 발사되는 탐험가의 그것
네 오늘 위대한 성취는
내가 나를 넘어서는 황홀이다.
나 홀로 극지에 설 수 있는 유일한 기회다.

닐 암스트롱이 달에 한 발 내디던 것은

나오며_정의란 무엇인가?

인류가 전인미답의 길 걸은 것
달 뒷면에 중국이 가장 먼저 깃발 꽂은 것도
인간이 진일보한 흥미로운 사건

화성 테라포밍2) 이루어지거나
유전자 조작 없이, 암 위험 없이
텔로미어3) 길이 늘이는데 성공한다면
코비드 바이러스4) 영원히 퇴치한다면 그것은

어느 한 나라가 아니라 인간의 일이다.
인류가 임무 완수한 것이다.

내 한 발자국이 인류 도약시키고
내 한순간 태도가 인간의 수치 된다.

나는 너의 다른 버전.

---

2) 지구가 아닌 다른 천체의 환경을 지구와 비슷하게 바꾸어 인간이
   살 수 있도록 만드는 작업. 대기, 온도, 생태계를 세팅해야 한다.
   말하자면 지구화(地球化), 혹은 행성 개조
3) 염색체 끝부분에 있는 DNA 조각. 노화에 관계된다. 텔로미어 길
   이와 젊음(수명)은 비례한다. 건강한 생활 습관은 텔로미어 길이
   를 유지하거나 늘리는 데 도움 줄 수 있다. 엔트로피 잠시 감소
   시킬 수 있다.
4) 코로나19.

너는 나의 잠재된 가능성

단 한 사람이 깨달아도
인류는 한 단계 업그레이드된다.

우주에는 시간과 공간이 아니라 에너지가 존재한다.
우주는 물질이 아니라 사건.
'나'도 '나'라는 사건이다.

당신이라는 사건은
어느 방향으로 가고 있는가?

의란, 의리란, 정의란
온 우주의 에너지에 올라타고 힘차게 나아가는 일
건강하고 아름다운 공동체 만들어 가는 일.

권력이 아니라 — 기득권이 아니라
국민이 흥하는 길로 가는 것
종교, 인종, 국경 넘어 개인 하나하나가
세계 시민으로서 우뚝 서는 것
찬란한 빛 발하는 것

나오며_정의란 무엇인가?

시민이 앞장서는 것.
약자가 강해지는 것

'나'도 널리 크게 자라나서
그저 '나'가 아닌 아스라한 사람 되는 것.
우주만큼 까마득한 사건 되는 것.

사는 일이란 — 깨달음이란
마술사의 손 너머를 보는 일

제 가진 것 움켜쥐느라 혈안 된 종족들은
시나브로 생生을 잠식해가며
악착같이도 흐드러지는데

'저 너머'를 개척하려는 전위부대는
서로 밟고 밟히며 한 걸음씩 겨우 나아간다.
가는 길에 다 죽고 희생되겠지만
살아남은 자는 결국 신대륙으로 건너가 깃발 꽂는다.

악은 교묘하게도 소거법을 쓴다.

선善에서 실마리 하나 잡아 빼고 빼고 빼고
또 빼다 보면 선이 부재하게 된다.

죽이고 죽이고 죽이고 또 죽이면
선은 남아나지 않게 된다.
부지런히도 놀리는
저 마술사 손에 계속 홀릴 것인가?
선의 부재가 악이다.

선이 끊임없이 자신 의심하고
동료 죽이고 탄식하며 나가떨어질 때
텅 빈 자리에서 회심의 미소 짓는 게 악이다.

비상연락망 잘 짜놓은 전근대적 무리 앞에
약한 것들은 서로 손잡지 못하고 자주 스러진다.
물론 끝끝내 마주 손잡을 것을 안다.
우주는 빅뱅 이후 계속 펼쳐지고 있는 그물,
이미 연결된 것을 안다.

거기 매달린 이슬방울처럼 우리 한없이 가련하지만
또한 굳건할 것을 안다.

나오며_정의란 무엇인가?

넘어지고 쓰러져도 한 발짝이라도 나아갈 것을 안다.
시간이 우리 편임을 안다.

저들 인류의 적은
시곗바늘 거꾸로 돌려 서둘러 과거로 퇴행하지만
우리는 부단히 시간 방향5)
우주론적 방향으로 나아가기에
지옥 고스란히 견디며
우리가 강해지는 매 순간을 즐기고 있기에

민주제는 다수에 의한 지배
우리가 지배하기에
우리는 강팀이기에

시간의 편이 이길 수밖에 없다.
그날은 온다.
꽃은 핀다.

여명이다!

---

5) 우주에 시간은 없지만 시간 방향은 있다. 시작이 있으면 끝이 있
으므로. 우주는 시작했으므로 시간이란 상대적인 것, 먼지 한 톨
같은 것. 없는 것 오로지 방향성이 있을 뿐.